普通高等学校城市轨道交通专业规划教材组织委员会

主　任　罗　斌　王丰胜
副主任　储继红　胡勇健　刘明亮　李　锐
委　员　郑　斌　廉　星　刘蓉蓉　朱海燕　李建洋　娄　智
　　　　　　杨光明　左美生

普通高等学校城市轨道交通专业规划教材编写委员会

主　编　李　锐　刘蓉蓉
副主编　郑　斌　段明华
编　委　张国侯　李宇辉　穆中华　左美生　娄　智　李志成
　　　　　　兰清群　钟晓旭　李队员　王晓飞　李泽军　李艳艳
　　　　　　颜　争　彭　骏　黄建中　周云娣　陈　谦　黄远春
　　　　　　田　亮　文　杰　任志杰　李国伟　薛　亮　牛云霞
　　　　　　张　荣　苏　颖　孔　华　高剑锋　储　燊　孙醒鸣
　　　　　　罗　涛　胡永军　洪　飞　韦允城　吴文苗　钟　高
　　　　　　张诗航　张敬文　武止戈　吴　柳　赵　猛　沙　磊
　　　　　　吴　仃　赵瑞雪　聂化东　彭元龙　胡　啸　干　慧
　　　　　　项红叶　马晓丹　孙　欣　邹正军　余泳逸

普通高等学校"十三五"省级规划教材
普通高等学校城市轨道交通专业规划教材

城市轨道交通
自动售检票技术与应用

主　编　李队员　韦允城
编写人员（以姓氏笔画为序）
　　　王　昊　王子文　韦允城
　　　左美生　孙辞博　李队员
　　　苏鹏宇

中国科学技术大学出版社

内容简介

本书为城市轨道交通机电技术专业相关课程的配套教材,旨在培养学习者对城市轨道自动售检票系统的应用能力和突发事件的处理能力。全书分为技术篇和应用篇,详细介绍了自动售检票系统的基本原理及组成、主要功能、基本操作技巧等,涵盖自动售票机、自动检票机、半自动售(补)票机等类型,并介绍了设备日常巡检及维护、常见故障判断与处理方法等,结合城市轨道交通行业实际开展相关技能训练,使学生能够进行实际操作,利于实现零距离就业。

本书可供高校城市轨道交通专业学生使用,也可供相关行业技术人员参考。

本书著作权由安徽交通职业技术学院与合肥市轨道交通集团有限公司共同拥有。

图书在版编目(CIP)数据

城市轨道交通自动售检票技术与应用/李队员,韦允城主编. —合肥:中国科学技术大学出版社,2022.3

安徽省高等学校"十三五"省级规划教材

ISBN 978-7-312-05403-7

Ⅰ. 城… Ⅱ. ①李… ②韦… Ⅲ. 城市铁路—旅客运输—售票—铁路自动化系统 Ⅳ. U293.22

中国版本图书馆 CIP 数据核字(2021)第 031185 号

城市轨道交通自动售检票技术与应用
CHENGSHI GUIDAO JIAOTONG ZIDONG SHOU-JIANPIAO JISHU YU YINGYONG

出版	中国科学技术大学出版社 安徽省合肥市金寨路96号,230026 http://press.ustc.edu.cn http://zgkxjsdxcbs.tmall.com
印刷	合肥市宏基印刷有限公司
发行	中国科学技术大学出版社
开本	787 mm×1092 mm 1/16
印张	13
字数	316 千
版次	2022 年 3 月第 1 版
印次	2022 年 3 月第 1 次印刷
定价	38.00 元

总 序

本套教材根据城市轨道交通运营管理、城市轨道交通通信信号技术、城市轨道交通车辆技术、城市轨道交通机电技术、城市轨道交通供配电技术专业的人才培养需要，结合对职业岗位能力的要求，由安徽交通职业技术学院、南京铁道职业技术学院、郑州铁路职业技术学院、上海工程技术大学、沈阳交通高等专科学校、新疆交通职业技术学院、合肥职业技术学院、合肥铁路工程学校、合肥市轨道交通集团有限公司、深圳城市轨道交通运营公司、杭州城市轨道交通运营公司、宁波城市轨道交通运营公司、郑州铁路局等单位共同编写。

本套教材整合了国内主要城市轨道交通运营企业现场作业的内容，以实际工作项目为主线，以项目中的具体工作任务作为知识学习要点，并针对各项任务设计模拟实训与思考练习，实现了通过课堂环境模拟现场岗位作业情景促进学生自我学习、自我训练的目标，体现了"岗位导向、学练一体"的教学理念。

本套教材涵盖城市轨道交通运营管理、城市轨道交通通信信号技术、城市轨道交通车辆技术、城市轨道交通机电技术、城市轨道交通供配电技术专业，可作为以上各相关专业课程的教材，并可供相关城市轨道交通运营企业相关人员参考。

普通高等学校城市轨道交通专业规划教材
编写委员会

前　言

轨道交通自动售检票系统是一个涉及面广、集成度高、应用性强、社会影响大的综合性系统，是计算机技术、通信技术、网络技术、数据库技术、系统集成技术、信息处理技术等在轨道交通领域综合应用的典型体现。

"城市轨道交通自动售检票技术与应用"是城市轨道交通机电技术专业的核心课程，旨在培养学习者对城市轨道自动售检票系统的应用能力和对突发事件的处理能力。

为适应全面提高高等职业教育教学质量和培养面向生产、建设、服务、管理第一线需要的高技能人才的要求，本书立足于高等职业教育人才培养目标，本着"理论与实践一体化"的原则，在内容安排上力求由浅入深，循序渐进，以实用为宗旨，以应用为目的，结合城市轨道交通自动售检票系统近几年的发展而编写，图文并茂。

本书的编者曾参与2005年上海地铁1号线（改造工程）和2号线（改造工程）、上海地铁7号和9号线、北京地铁10号和4号线、印度德里地铁和合肥地铁等多条地铁线路的自动售检票系统设备的研发设计以及维护工作。书中的大部分案例来自现场一线，具有很强的针对性。

全书分为技术篇和应用篇两大类，其中技术篇介绍城市轨道交通自动售检票系统基本原理及组成、主要功能、基本操作技巧等共6章内容，涵盖自动售票机、自动检票机、半自动售（补）票机等类型；应用篇介绍城市轨道交通自动售检票系统运营管理规范、操作规程标准、检修规程标准和故障处理共4章内容。

本书内容全面、重点突出、层次清晰、结构新颖、实用性强，可作为高校轨道交通类、智能交通类、机电类等有关专业相关课程的教材，也可作为地铁相关工程技术人员的入职培训教材和参考书。

本书第1、2章由安徽交通职业技术学院李队员编写；第3章由合肥铁路工程学校左美生编写；第4、7章由合肥市轨道交通集团有限公司运营分公司王昊编写；第5章由合肥市轨道交通集团有限公司运营分公司孙辞博编写;第6章由合肥市轨道交通集团有限公司运营分公司韦允城编写;第8章由合肥市轨道交通集团有限公司运营分公司苏鹏宇编写;第9章由合肥市轨道交通集团有限公司运营分公司王子文编写。全书由合肥市轨道交通集团有限公司运营分公司孙醒鸣和代晓光审稿,韦允城、李队员负责统稿。

最后,感谢上海华铭的杨东礼、上海普天的杜伟、上海宝信的江其峰等工程师在本书成稿前后提供的意见和参考资料。

由于时间仓促,加之编者水平有限,书中难免有不妥之处,敬请广大读者批评指正。

编 者

目 录

总序 ·· (i)
前言 ·· (iii)

技 术 篇

第 1 章　城市轨道交通自动售检票系统基础 ················· (3)
 1.1　网络理论基础 ·· (3)
 1.2　供电理论基础 ·· (29)
 1.3　轨道交通专用票 ·· (38)
 1.4　自动售检票系统术语和缩写 ································ (42)

第 2 章　AFC 概述 ·· (45)
 2.1　AFC 概述 ·· (45)
 2.2　AFC 的最新科技与现有科技 ······························· (47)
 2.3　AFC 未来展望 ··· (56)

第 3 章　城市轨道交通自动检票机 ····························· (59)
 3.1　自动检票机简介 ·· (59)
 3.2　自动检票机主要部件 ·· (63)

第 4 章　城市轨道交通自动售票机 ····························· (70)
 4.1　自动售票机简介 ·· (70)
 4.2　自动售票机主要部件 ·· (74)

第 5 章　城市轨道交通半自动售(补)票机 ···················· (81)
 5.1　半自动售(补)票机简介 ······································ (81)
 5.2　半自动售(补)票机主要部件 ································ (83)
 5.3　半自动售(补)票机车票分析 ································ (87)

第 6 章　城市轨道交通车站计算机系统 ……………………………………（89）
6.1　车站计算机系统简介 …………………………………………………（89）
6.2　车站计算机系统组成 …………………………………………………（97）

应 用 篇

第 7 章　城市轨道交通自动售检票系统规范 ……………………………（105）
7.1　自动售检票系统通用标准 ……………………………………………（105）
7.2　ACC 功能标准 …………………………………………………………（107）
7.3　LC 功能标准 ……………………………………………………………（110）
7.4　SC 功能标准 ……………………………………………………………（111）
7.5　SLE 功能标准 …………………………………………………………（111）

第 8 章　城市轨道交通自动售检票系统操作 ……………………………（118）
8.1　自动检票机操作 ………………………………………………………（118）
8.2　自动售票机操作 ………………………………………………………（125）
8.3　半自动售(补)票机操作 ………………………………………………（136）
8.4　车站计算机系统操作 …………………………………………………（139）

第 9 章　城市轨道交通自动售检票系统典型故障处理 …………………（142）
9.1　故障处理的行业现状 …………………………………………………（142）
9.2　故障处理的准备工作 …………………………………………………（142）
9.3　故障处理的一般流程 …………………………………………………（144）
9.4　自动检票机故障及处理 ………………………………………………（145）
9.5　自动售票机故障及处理 ………………………………………………（154）
9.6　半自动售(补)票机故障及处理 ………………………………………（164）
9.7　车站计算机外围设备故障及处理 ……………………………………（165）

第 10 章　城市轨道交通自动售检票系统检修 …………………………（167）
10.1　自动售检票系统检修工器具 ………………………………………（167）
10.2　自动售检票系统安全规定 …………………………………………（174）
10.3　自动售检票系统检修标准 …………………………………………（179）

参考文献 ……………………………………………………………………（195）

技 术 篇

第1章 城市轨道交通自动售检票系统基础

1.1 网络理论基础

1.1.1 计算机基础知识

1. 计算机系统组成

计算机系统由两大部分组成,即硬件系统和软件系统。计算机硬件和软件既相互依存,又互为补充。硬件是计算机系统的物质基础,软件是计算机应用的灵魂,只有将两者有效地结合起来,计算机系统才能成为有生命、有活力的系统。

2. 计算机硬件

一台计算机的硬件系统主要由运算器、控制器、存储器(分为内部和外部)、输入设备和输出设备五大功能部件组成,如图1.1所示。

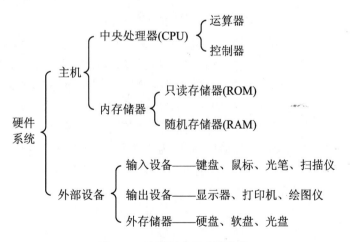

图1.1 计算机主要硬件组成

(1) 主机介绍

主机是指计算机除去输入输出设备以外的主要机体部分,也指用于放置主板及其他主要部件的控制箱体。主机通常包括CPU、内存、主板、光驱、电源以及其他输入输出控制器和接口。如 USB 控制器、显卡、网卡、声卡等。

图 1.2 龙芯 CPU

中央处理器，即 CPU(central processing unit/processor)是电子计算机的主要设备之一，是电脑的核心部件，如图 1.2 所示。其功能主要是解释计算机指令以及处理计算机软件中的数据。电脑中所有操作都由 CPU 负责读取指令、对指令译码并执行指令。

内存是计算机中重要的部件之一，它是与 CPU 进行沟通的桥梁，如图 1.3 所示。计算机中所有程序的运行都是在内存中进行的，因此内存的性能对计算机的影响非常大。内存(memory)也被称为内存储器，其作用是用于暂时存放 CPU 中的运算数据，以及与硬盘等外部存储器交换的数据。只要计算机在运行中，CPU 就会把需要运算的数据调到内存中进行运算，当运算完成后 CPU 再将结果传送出来，内存的稳定运行也决定了计算机的稳定运行。内存是由内存芯片、电路板、金手指等部分组成的。

图 1.3 内存条

主板又称主机板、系统板或母板，是电脑中最基本的也是最重要的部件之一。主机中所有部件都通过连线或者直接与主板相连。主板一般为矩形电路板，上面安装了组成计算机的主要电路系统，一般有 BIOS 芯片、I/O 背板接口、键盘和面板控制开关接口、内存插槽、CMOS 电池、南北桥芯片、PCI 插槽、CPU 插座等，如图 1.4 所示。

北桥是主机板上最重要的芯片，负责连接 CPU、存储器和显示卡(图 1.5)，通常中阶以上的主机板都会在北桥上装散热片或风扇，因为它就像 CPU 一样会发热。

南桥和北桥互连并连接其他周边，主机板功能大多来自南桥，比如 USB、网络、音效、SATA/IDE 硬盘，都是从南桥连接出来的。

图 1.4 主板

图 1.5 独立网卡

(2) 外部设备介绍

硬盘,是电脑主要的存储媒介之一,由一个或者多个铝制或者玻璃制的碟片组成,如图 1.6 所示。

硬盘分为固态硬盘(SSD)和机械硬盘(HDD),SSD 采用闪存颗粒来存储,HDD 采用磁性碟片来存储。

硬盘接口分为 ATA、IDE(PATA)、SATA、SCSI、SAS 等。其中 ATA、IDE 为并行接口,抗干扰性差,且排线占空间,不利于计算机散热,将逐渐被后面几种高速的串行接口所取代。

图 1.6　硬盘

常用的输入设备有：键盘、鼠标、扫描仪、光笔、数字化仪等；常用的输出设备有：显示器、打印机、绘图仪等，如图 1.7 所示。

(a) 键盘　　　　　　　　　　　　　　　(b) 打印机

图 1.7　输入输出设备

3. 计算机软件

计算机软件是指在计算机硬件上运行的各种程序、数据和一些相关的文档、资料等。

软件分为系统软件和应用软件。

系统软件通常包含操作系统、程序设计语言、语言处理程序、实用程序（分为错误诊断、程序检查、自动纠错、测试程序和软硬件的调试程序等）、数据库管理系统等。

应用软件是专门为解决某个或某些应用领域中的具体任务而编写的功能软件。

（1）计算机启动过程

"启动"英文为 boot，boot 原来的意思是靴子，这里的 boot 是 bootstrap（鞋带）的缩写，它来自一句谚语："pull oneself up by one's bootstraps"，字面意思是"拽着鞋带把自己拉起来"。最早的时候，工程师们用它来比喻计算机启动是一个很矛盾的过程，必须先运行程序，然后计算机才能启动，但是计算机不启动就无法运行程序！

所以早期要先把一小段程序装进内存，然后计算机才能正常运行。工程师们把这个过程叫作"拉鞋带"，久而久之就简称 boot。

计算机的整个启动过程分成三个阶段。

① BIOS。20 世纪 70 年代初只读内存，即 ROM（read-only memory）被发明，开机程

序被刷入 ROM 芯片,计算机通电后,第一件事就是读取 ROM 芯片。

这块芯片里的程序叫作基本输入输出系统,即 BIOS(basic input/output system)。

这里又分为硬件自检和启动顺序两个阶段:

a. 硬件自检。BIOS 中主要存放的程序包括:自诊断程序(通过读取 CMOS RAM 中的内容识别硬件配置,并对其进行自检和初始化)、CMOS 设置程序(引导过程中,通过特殊热键启动,进行设置后,存入 CMOS RAM 中)、系统自动装载程序(在系统自检成功后,将磁盘相对 0 道 0 扇区上的引导程序装入内存使其运行)和主要 I/O 驱动程序和中断服务(BIOS 和硬件直接打交道,需要加载 I/O 驱动程序)。

BIOS 程序首先检查计算机硬件能否满足运行的基本条件,这叫作硬件自检,即 POST(power-on self-test)。

b. 启动顺序。硬件自检完成后,BIOS 把控制权转交给下一阶段的启动程序。

这时,BIOS 需要知道下一阶段的启动程序具体存放在哪一个设备上。也就是说,BIOS 需要有一个外部储存设备的排序,排在前面的设备就是优先转交控制权的设备。这种排序叫作启动顺序(boot sequence)。

② 主引导记录。BIOS 按照启动顺序,把控制权转交给排在第 1 位的储存设备。即根据用户指定的引导顺序从软盘、硬盘或可移动设备中读取启动设备的 MBR(master boot record),并放入指定的位置(0x7c000)内存中。

这时,计算机读取该设备的第一个扇区,也就是读取最前面的 512 个字节。如果这 512 个字节的最后两个字节是 0x55 和 0xAA,表明这个设备可以用于启动;如果不是,表明该设备不能用于启动,控制权于是被转交给"启动顺序"中的下一个设备。

这最前面的 512 个字节,就叫作"主引导记录",即 MBR。它的主要作用是告诉计算机到硬盘的哪一个位置去找操作系统。

512 个字节的主引导记录分为三个部分:

第 1~446 字节:调用操作系统的机器码。

第 447~510 字节:分区表(partition table),功能是将硬盘分成若干个区。

第 511~512 字节:主引导记录签名(0x55 和 0xAA)。

硬盘分区有很多好处,考虑到每个区可以安装不同的操作系统,因此"主引导记录"必须知道将控制权转交给哪个区。

分区表的长度只有 64(第 447~510 字节)个字节,里面又分成四项,每项 16 个字节,其中最后 4 个字节为主分区的扇区总数,这 4 个字节同时决定了本分区的最大地址空间。一个硬盘最多只能分四个一级分区,又叫作"主分区",四个主分区只有一个是激活状态。

③ 硬盘启动。计算机的控制权转交给硬盘的某个分区了,这里又分成三种情况。

情况 A:卷引导记录。计算机读取激活分区的第一个扇区,叫作卷引导记录,即 VBR(volume boot record)。

卷引导记录的主要作用是告诉计算机操作系统在这个分区里的位置。然后计算机就会加载操作系统了。

情况 B:扩展分区和逻辑分区。随着硬盘越来越大,四个主分区已经不够了,需要更多的分区。但是,分区表只有四项,因此规定有且仅有一个区可以被定义成扩展分区(extended partition)。

所谓扩展分区,就是指这个区里面又分成多个区。这种分区里面的分区,就叫作逻辑分区(logical partition)。

计算机先读取扩展分区的第一个扇区,叫作"扩展引导记录",即 EBR(extended boot record)。它里面也包含一张64字节的分区表,但是最多只有两项(也就是两个逻辑分区)。

计算机接着读取第二个逻辑分区的第一个扇区,再从里面的分区表中找到第三个逻辑分区的位置,以此类推,直到某个逻辑分区的分区表只包含它自身为止(即只有一个分区项)。因此,扩展分区可以包含无数个逻辑分区。

但是,似乎很少通过这种方式启动操作系统。如果操作系统确实安装在扩展分区,一般采用下一种方式启动。

情况 C:启动管理器。在这种情况下,计算机读取"主引导记录"前面446字节的机器码之后,不再把控制权转交给某一个分区,而是运行事先安装的启动管理器(boot loader),由用户选择启动哪一个操作系统。

控制权转交给操作系统后,操作系统的内核首先被载入内存。

以 Linux 系统为例,先载入/boot 目录下面的 kernel。内核加载成功后,第一个运行的程序是/sbin/init。它根据配置文件(Debian 系统是/etc/initab)产生 init 进程。这是 Linux 启动后的第一个进程,pid 进程编号为1,其他进程都是它的后代。

(2) 操作系统

操作系统,即 OS(operation system)是管理计算机硬件与软件资源的计算机程序。操作系统需要处理如管理与配置内存、决定系统资源供需的优先次序、控制输入设备与输出设备、操作网络与管理文件系统等基本事务。

操作系统是用户与计算机硬件系统之间的接口,用户通过操作系统的帮助,可以快速、有效和安全、可靠地操纵计算机系统中的各类资源,以处理自己的程序。为使用户能方便地使用操作系统,OS 又向用户提供了如下两类接口:

用户接口:操作系统专门为用户提供了"用户与操作系统的接口",通常称为用户接口。该接口支持用户与 OS 之间进行交互,即由用户向 OS 请求提供特定的服务,而系统则把服务的结果返回给用户。

程序接口:操作系统向编程人员提供了"程序与操作系统的接口",简称程序接口,又称应用程序接口 API(application programming interface)。该接口是为程序员在编程时使用的,系统和应用程序通过这个接口,可在执行中访问系统中的资源和取得 OS 的服务,它也是程序能取得操作系统服务的唯一途径。大多数操作系统的程序接口是由一组系统调用(system call)组成,每一个系统调用都是一个能完成特定功能的子程序。

常见操作系统有:DOS 操作系统、Unix 操作系统、Linux 操作系统、OS/2 系统、Windows 操作系统等。

4. 系统安装

系统安装步骤依次为制作 U 盘启动盘、设置 BIOS 从 U 盘启动、选择 PE 系统进入、进入系统自动安装界面。

系统安装首先需要对硬盘进行分区,以便让各个分区独立开来,避免一个分区遇到病毒或者数据丢失影响其他分区。硬盘分区让我们可以把不同的文件分开储存,大大节约了需要文件时的寻找时间。

下面以 FDISK 分区工具为例介绍具体分区操作，FDISK 是一个基于 MBR（主引导分区）的分区工具。

(1) 准备 DOS 启动盘

分区软件不能对自身所在的硬盘进行分区，必须借助硬盘以外的物理介质运行分区软件才能对硬盘进行分区操作。

① 制作 DOS 启动盘。在对硬盘分区之前，需要制作一张带有 FDISK 分区软件的启动盘（98 启动盘即可），可以使用 U 盘或光盘。

② 修改 BIOS 启动项。修改 BIOS 启动项，使开机从 U 盘启动或光盘启动而非硬盘启动。

(2) FDISK 分区

FDISK 程序是 DOS 和 Windows 系统自带的分区软件，虽然其功能比不上有些软件，但用它分区是十分安全的。

硬盘分区的具体操作步骤如下：

① 先创建主分区（create primary DOS partition）。
② 再创建扩展分区（create extended DOS partition）。
③ 将扩展分区域分为 N 个逻辑分区（logical drives defined）。
④ 设置活动分区（set active partition）。

(3) 系统镜像安装

系统镜像文件就是对系统安装盘的物理二进制数据的完全拷贝，是所有数据的克隆文件，比如微软原版系统；也可以是操作系统分区的备份文件，比如 ghost 系统镜像。一般镜像文件后缀名大多为 .iso。

系统镜像文件包含操作系统文件、引导文件、分区表信息等，用于系统的安装和修复。系统镜像安装就是将系统镜像文件对系统盘进行完全的物理数据写入覆盖。

5. 网络架构模型

OSI 七层模型称为开放式系统互联参考模型，是一种框架性的设计方法，如图 1.8 所示。OSI 七层模型通过七个层次化的结构模型使不同的系统、不同的网络之间实现可靠的通信，因此其最主要的功能就是帮助不同类型的主机实现数据传输。

网络分层能够使各层之间相互独立，高层是不需要知道底层的功能是采取何种技术来实现的，它只需要知道通过与底层的接口就可以获得所需要的服务。

网络分层灵活性好，各层都可以采用最适当的技术来实现，例如，某一层的实现技术发生了变化，用硬件代替了软件，只要这一层的功能与接口保持不变，实现技术的变化都并不会对其他各层以及整个系统的工作产生影响。

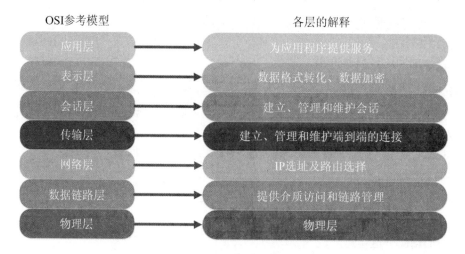

图 1.8 OSI 参考模型

网络分层易于实现和标准化,由于采取了规范的层次结构去组织网络功能与协议,因此可以将计算机网络复杂的通信过程划分为有序的连续动作与有序的交互过程,有利于将网络复杂的通信工作过程化解为一系列可以控制和实现的功能模块,使得复杂的计算机网络系统变得易于设计、实现和标准化。OSI 各层功能如表 1.1 所示。

表 1.1 OSI 各层功能

OSI 中的层	功能	TCP/IP 协议簇
应用层(application)	文件传输、电子邮件、文件服务、虚拟终端	TFTP、HTTP、SNMP、FTP、SMTP、DNS、RIP、Telnet
表示层(presentation)	数据格式化、代码转换、数据加密	没有协议
会话层(session)	解除或建立与别的接点的联系	没有协议
传输层(transport)	提供端对端的接口	TCP、UDP
网络层(network)	为数据包选择路由	IP、ICMP、OSPF、BGP、IGMP、ARP、RARP
数据链路层(data link)	传输有地址的帧以及错误检测功能	SLIP、CSLIP、PPP、MTU、ARP、RARP
物理层(physical)	以二进制数据形式在物理媒体上传输数据	ISO 2110、IEEE 802、IEEE 802.2

1.1.2 电工电子基础

1. 常见符号

(1) 电阻

① 电阻分类。在物理学中,用电阻(resistance)来表示导体对电流阻碍作用的大小,记

为 R。Altium Designer 中的电阻符号如图 1.9 所示。导体的电阻越大,表示导体对电流的阻碍作用越大。不同的导体,电阻一般不同,电阻是导体本身的一种性质,电阻元件是对电流呈现阻碍作用的耗能元件。

图 1.9 电阻符号

电阻按材料分,有碳膜电阻、水泥电阻、金属膜电阻和线绕电阻等,如图 1.10 所示。

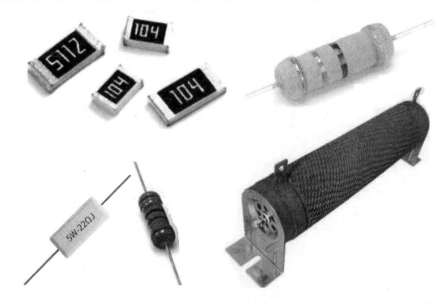

图 1.10 电阻

② 电阻阻值表示法。电阻值的表示方法通常有四种:

第一种,直标法,表面印有电阻值及误差,如 2.2 kΩ±5%;

第二种,数字字符法,用数字和字母表示阻值及误差,如 2.2 kJ,2 k2 J;

第三种,色环表示法,表面印有色环,用色环表示阻值及误差,便于检查与维修。有四色环和五色环表示。

四色环电阻,前 2 环代表有效数字,第 3 环代表倍率,用 10 的 n 次方表示,色环电阻的规则是最后 1 圈代表误差,如表 1.2 所示。

表 1.2 四环阻值表示法

颜色	第一环数字	第二环数字	乘 10 倍数	误差
黑	0	0	0	—
棕	1	1	1	—
红	2	2	2	—
橙	3	3	3	—
黄	4	4	4	—
绿	5	5	5	—

续表

颜色	第一环数字	第二环数字	乘10倍数	误差
蓝	6	6	6	—
紫	7	7	7	—
灰	8	8	8	—
白	9	9	9	—
金	—	—	−1	±5%
银	—	—	−2	±10%

五色环电阻,前3环代表有效数字,第4环代表倍率,同样用10的 n 次方表示,色环电阻的规则是最后一圈代表误差,如表1.3所示。

表1.3 五环阻值表示法

颜色	第一环数字	第二环数字	第三环数字	乘10倍数	误差
黑	0	0	0	0	—
棕	1	1	1	1	1%
红	2	2	2	2	2%
橙	3	3	3	3	—
黄	4	4	4	4	—
绿	5	5	5	5	0.5%
蓝	6	6	6	6	0.25%
紫	7	7	7	7	0.1%
灰	8	8	8	8	∓20%
白	9	9	9	9	—
金	—	—	—	−1	∓5%
银	—	—	—	−2	∓10%

如何区分色环电阻到底哪一端为第一环?通常四环电阻的偏差为±5%,所以最后一环一定是金色的。五环电阻的偏差在±1%,那么最后一环一定是棕色的。只要确定最后一环颜色,然后从另一端读取即可。

第四种,数码法,用3位或4位数字表示,如3位数,则前两位表示有效数字;如4位数,则前3位表示有效数字,最后1位表示有效数字后面0的个数。单位为欧姆。如104则表示 $10 \times 10000 = 100 \text{ k}$。

(2) 电容

电容(capacitance)亦称作"电容量",是指在给定电位差下的电荷储藏量,记为 C,国际单位是法拉(F),电容符号如图1.11所示。一般来说,电荷在电场中会受力而移动,当导体之间有了介质,则阻碍了电荷移动而使得电荷累积在导体上,造成电荷的累积储存,储存的电荷量则称为电容,如图1.12所示。

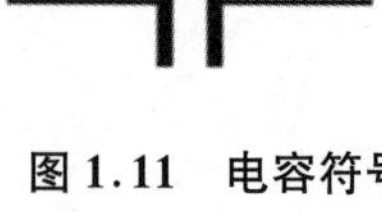

图1.11 电容符号

图 1.12 电容

电子电路中,只有在电容器充电过程中,才有电流流过,充电过程结束后,电容器是不能通过直流电的,在电路中起着"隔直流"的作用。电路中,电容器常被用作耦合、旁路、滤波等,都是利用其"通交流,隔直流"的特性。交流电不仅方向往复交变,它的大小也在按规律变化。电容器接在交流电源上,电容器连续地充电、放电,电路中就会流过与交流电变化规律一致(相位不同)的充电电流和放电电流。

在电容充电后关闭电源,电容内的电荷仍可能储存很长的一段时间。此电荷足以产生电击,或是破坏相连接的仪器。一个抛弃式相机闪光模组由 1.5 V AA 干电池充电,看似安全,但其中的电容可能会充电到 300 V,300 V 的电压产生的电击会使人非常疼痛,甚至可能致命。

许多电容的等效串联电阻(ESR)低,因此在短路时会产生大电流。在维修具有大电容的设备之前,需确认电容已经放电完毕。为了安全上的考量,所有大电容在组装前需要放电。若是放在基板上的电容器,可以在电容器旁并联一泄放电阻(bleeder resistor)。在正常使用时,泄放电阻的漏电流小,不会影响其他电路;而在断电时,泄放电阻可提供电容放电的路径。高压的大电容在储存时需将其端子短路,以确保其储存电荷均已放电,若在安装电容时,电容突然放电,产生的电压可能会造成危险。

① 常见电容类型。耦合电容:用在耦合电路中的电容称为耦合电容,在阻容耦合放大器和其他电容耦合电路中大量使用这种电容电路,起隔直流通交流作用。

滤波电容:用在滤波电路中的电容器称为滤波电容,在电源滤波和各种滤波器电路中使用这种电容电路,滤波电容将一定频段内的信号从总信号中去除。

去耦电容:电路中装设在元件的电源端的电容,此电容可以提供较稳定的电源,同时也可以降低元件耦合到电源端的噪声,间接减少其他元件受此元件噪声的影响。

旁路电容:用在旁路电路中的电容器称为旁路电容,电路中如果需要从信号中去掉某一频段的信号,可以使用旁路电容电路,根据所去掉信号频率不同,有全频域(所有交流信号)旁路电容电路和高频旁路电容电路。

软启动电容:一般接在开关电源的开关管基极上,防止在开启电源时,过大的浪涌电流或过高的峰值电压加到开关管基极上,导致开关管损坏。

启动电容:串接在单相电动机的副绕组上,为电动机提供启动移相交流电压,在电动机正常运转后与副绕组断开。

② 安规电容。行业对抑制电源电磁干扰用的固定电容器,同时印刷有多个国家安全认证标志的电容器称为安规电容器。安规电容器最大的优点是即使电容器失效,也不会

导致电击,不危及人身安全。

安规电容器包括 X 电容和 Y 电容两种类型,如图 1.13 所示。X 电容是跨接在电力线两线(L-N)之间的电容,一般选用金属薄膜电容;Y 电容是分别跨接在电力线两线和地之间(L-G,N-G)的电容,如图 1.14 所示。G 指的是地线(PE/G, protecting earthing/ground),一般是成对出现。基于漏电流的限制,Y 电容值不能太大,一般 X 电容是 μF 级,Y 电容是 nF 级。

X 电容抑制差模干扰,Y 电容抑制共模干扰。

图 1.13　X 电容和 Y 电容

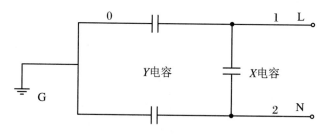

图 1.14　X 电容和 Y 电容接法

(3) 电感

① 自感。电感(inductance)是闭合回路的一种属性,即当通过闭合回路的电流改变时,会出现电动势来抵抗电流的改变,这种电感称为自感(self-inductance),是闭合回路自己本身的属性。假设一个闭合回路的电流改变,由于感应作用而产生电动势于另外一个闭合回路,这种电感称为互感(mutual inductance),单位是"亨利(H)"。

电感对交流电是有阻碍作用的。在交流电频率一定的情况下,电感量越大,对交流电的阻碍能力越大;电感量越小,其阻碍能力越小。另外,在电感量一定的情况下,交流电的频率越高,电感对交流电的阻碍能力越大;频率越低,电感对交流电的阻碍能力越小。

② 共模电感和差模电感。共模信号是指两个大小相等、方向相同的信号,差模信号是指两个大小相等、方向相反的信号。

共模和差模电感器电路如图 1.15 所示,这也是开关电源交流市电输入回路中的 EMI 滤波器,电路中的 L_1 和 L_2 是差模电感器,L_3 和 L_4 为共模电感器,C_1 为 X 电容,C_2 和 C_3 为 Y 电容。该电路输入 220 V 交流市电,输出电压加到整流电路中。

共模电流在共模电感器中同方向,共模电感器 L_3 和 L_4 内产生同方向的磁场,这时增大了共模电感器 L_3 和 L_4 的电感量,也就是增大了 L_3 和 L_4 对共模电流的感抗,使共模电流受到了更大的抑制,达到了衰减共模电流的目的,起到了抑制共模干扰噪声的作用。

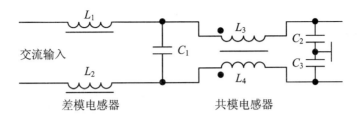

图 1.15　共模与差模电感

差模电感器 L_1、L_2 与 X 电容串联构成回路,因为 L_1 和 L_2 对差模高频干扰的感抗大,而 X 电容 C_1 对高频干扰的容抗小,这样将差模干扰噪声滤除,而不能加到后面的电路中,达到抑制差模高频干扰噪声的目的。

2. 串并联

(1) 串联

串联指将电路元件(如电阻、电容、电感、用电器等)逐个顺次首尾相连接。将各用电器串联起来组成的电路叫串联电路,如图 1.16 所示。

串联电路的主要特点有:

① 串联电路电流处处相等。

② 串联电路总电压等于各处电压之和。

③ 总电阻等于分电阻之和。

(2) 并联

并联电路是指在电路中,所有电阻(或其他电子元件)的输入端和输出端分别被连接在一起,如图 1.17 所示。

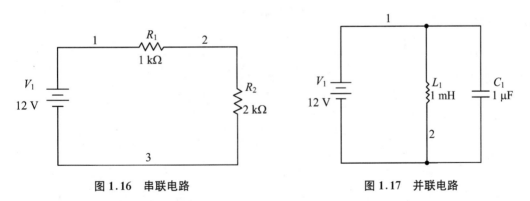

图 1.16　串联电路　　　　　　　图 1.17　并联电路

并联电路的主要特点有:

① 在并联电路中总电流等于各支路电流之和。

② 在并联电路中两端的电压都相等。

(3) Multisim 使用

Multisim 是美国国家仪器(NI)有限公司推出的以 Windows 为基础的仿真工具,适用于板级的模拟/数字电路板的设计工作。它包含了电路原理图的图形输入、电路硬件描述语言输入方式,具有丰富的仿真分析能力,如图 1.18 所示。

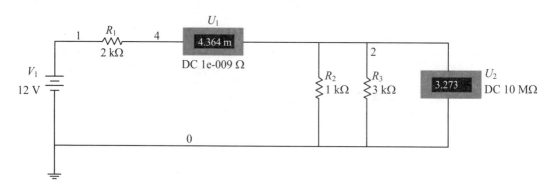

图 1.18　Multisim 仿真

3. 常用接插件

(1) RS-232 串行通信

用得相对较少，在一些终端设备（如自动售检票系统、打印机、扫描器等设备）上会有一些使用，性价比高且实用，所以在一些特殊应用场合还会继续保持应用。

下图是 DB9 公头和母头的定义，一般用得最多的是 RXD、TXD、GND 三个信号，如图 1.19、表 1.4 所示。

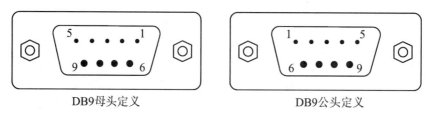

图 1.19　DB9 定义

表 1.4　DB9 管脚名称

引脚顺序	引脚作用+名称	母头	引脚顺序	引脚作用+名称	公头
1	数据载波检测	DCD	1	数据载波检测	DCD
2	数据发射	TXD	2	数据接收	RXD
3	数据接收	RXD	3	数据发射	TXD
4	数据终端准备	DTR	4	数据终端准备	DTR
5	地	GND	5	地	GND
6	数据设备准备	DSR	6	数据设备准备	DSR
7	请求发送	RTS	7	请求发送	RTS
8	清除发送	CTS	8	清除发送	CTS
9	振铃指示	RI	9	振铃指示	RI

(2) RS-485 串行通信

在 2000—2015 年，RS-485 串行通信是我国工业市场的主流通信，随着技术的发展，国外一些发达国家已经全面在用工业以太网技术。未来随着工业以太网技术的快速发展与市场需求，RS-485 通信也会逐渐减少，只在一些较少场合使用（应用如 modbus-rtu，profibus-dp 等），如图 1.20、表 1.5 所示。

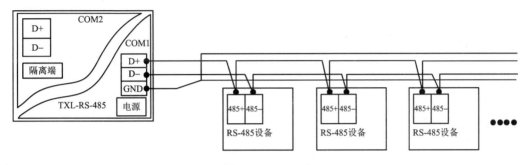

图 1.20　RS-485

表 1.5　RS-485 信号

引脚名称	说　明
A(D+)	逻辑"1"以 A-B 两线之间的电压差为 +(0.2～6)V 表示，逻辑"0"以两线间的电压差为 -(0.2～6)V 来表示
B(D-)	

(3) CAN 接口

CAN(controller area network)是 ISO 国际标准化的串行通信协议，如图 1.21 所示。在汽车产业中，出于对安全性、舒适性、方便性、低功耗、低成本的要求，各种各样的电子控制系统被开发了出来。由于这些系统之间通信所用的数据类型及对可靠性的要求不尽相同，由多条总线构成的情况很多，线束的数量也随之增加。为适应"减少线束的数量"和"通过多个 LAN，进行大量数据的高速通信"的需要，1986 年德国电气商博世公司开发出面向汽车的 CAN 通信协议。

CAN 的高性能和可靠性已被认同，并被广泛地应用于工业自动化、船舶、医疗设备、工业设备、地铁屏蔽门等方面。

CAN 总线网络主要挂在 CAN_H 和 CAN_L 上，各个节点通过这两条线实现信号的串行差分传输，为了避免信号的反射和干扰，还需要在 CAN_H 和 CAN_L 之间接上 120 Ω 的终端电阻，如图 1.22、表 1.6 所示。

主要具有以下优点：

① 废除传统的站地址编码，代之以对通信数据块进行编码，可以多组方式工作。

② 采用非破坏性仲裁技术，当两个节点同时向网络上传送数据时，优先级低的节点主动停止数据发送，而优先级高的节点

图 1.21　CAN 接口

可不受影响继续传输数据,有效避免了总线冲突。

③ 采用短帧结构,每一帧的有效字节数为 8 个,数据传输时间短,受干扰的概率低,重新发送的时间短。

④ 每帧数据都有 CRC 校验及其他检错措施,保证了数据传输的高可靠性,适用于在高干扰环境下使用。

⑤ 节点在错误严重的情况下,具有自动关闭总线的功能,切断它与总线的联系,以使总线上其他操作不受影响。

⑥ 可以点对点、一对多及广播集中方式传送和接收数据。

⑦ 具有实时性强、传输距离较远、抗电磁干扰能力强、成本低等优点。

⑧ 采用双线串行通信方式,检错能力强,可在高噪声干扰环境中工作。

⑨ 具有优先权和仲裁功能,多个控制模块通过 CAN 控制器挂到 CAN-Bus 上,形成多主机局部网络。

⑩ 可根据报文的 ID 决定接收或屏蔽该报文。

⑪ 可靠的错误处理和检错机制。

⑫ 发送的信息遭到破坏后,可自动重发。

⑬ 节点在错误严重的情况下具有自动退出总线的功能。

⑭ 报文不包含源地址或目标地址,仅用标志符来指示功能信息、优先级信息。

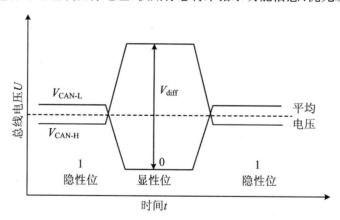

图 1.22　CAN 信号

表 1.6　CAN 信号说明

引脚名称	说明
CAN-H	CAN-H(3.5 V) − CAN-L(1.5 V),压差是 2 V 左右,显性电平,逻辑上表示"0";
CAN-L	CAN-H(2.5 V) − CAN-L(2.5 V),压差是 0 V 左右,隐形电平,逻辑上表示"1"

(4) 工业以太网

工业以太网预计未来 3～5 年内将会取代绝大部分以往的工业通信技术,成为未来一段时间的主流通信技术,如图 1.23、表 1.7 所示。

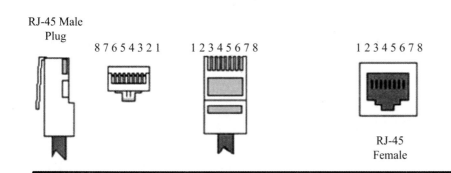

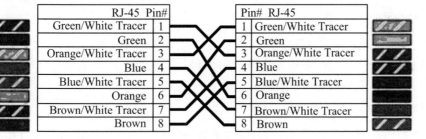

图 1.23 RJ-45 接口

表 1.7 RJ-45 引脚名称及定义

引脚名称	定义
TX+	数据发送正端
TX-	数据发送负端
RX+	数据接收正端
RX-	数据接收负端

1.1.3 常用工器具操作与使用

1. 万用表

万用表是一种带有整流器的,可以测量交直流电流、电压及电阻等多种电学参量的磁电式仪表,对于每一种电学量,一般都有几个量程,又称多用电表或简称多用表,如图 1.24 所示。万用表是由磁电系电流表(表头)、测量电路和选择开关等组成的,通过选择开关的变换,可方便地对多种电学参量进行测量,其电路计算的主要依据是闭合电路欧姆定律。万用表种类很多,使用时应根据不同的要求进行选择。

图 1.24 万用表

(1) 直流电压的测量

首先将黑表笔插进"COM"孔,红表笔插进"V/Ω"。数值可以直接从显示屏上读取,若显示为"1.",则表明量程太小,那么就要加大量程后再测量工业电器。其次把旋钮选到比估计值大的量程（注意:表盘上的数值均为最大量程,"V-"表示直流电压挡,"V~"表示交流电压挡,"A"是电流挡）,接着把表笔接电源或电源两端;保持接触稳定。若在数值左边出现"-",则表明表笔极性与实际电源极性相反,此时红表笔接的是负极。

(2) 交流电压的测量

表笔插孔与直流电压的测量一样,不过应该将旋钮打到交流挡"V~"处所需的量程即可。交流电压无正负之分,测量方法跟前面相同。无论测交流电压还是直流电压,都要注意人身安全,不要随便用手触摸表笔的金属部分。

(3) 电阻的测量

将量程开关拨至"Ω"的合适量程,红表笔插入"V/Ω"孔,黑表笔插入"COM"孔。如果被测电阻值超出所选择量程的最大值,万用表将显示"1.",这时应选择更高的量程。测量电阻时,红表笔为正极,黑表笔为负极,这与指针式万用表正好相反。因此测量晶体管、电解电容器等有极性的元器件时,必须注意表笔的极性。

(4) 用万用表测量电流

首先,选择量程。万用表直流电流挡标有"mA",有 1 mA、10 mA、100 mA 三挡量程,应根据电路中的电流大小选择量程。其次,万用表应与被测电路串联。应将电路相应部分断开后,将万用表表笔接在断点的两端;并应先置于最大量程,然后逐渐调低,直至合适量程。

(5) 用万用表测量电容

某些数字万用表具有测量电容的功能,其量程分为 2000 p、20 n、200 n、2 μ 和 20 μ 五挡。测量时可将已放电的电容两引脚直接插入表板上的"Cx"插孔,选取适当的量程后就可读取显示数据。

2. 示波器

示波器将电信号转换为可以观察的视觉图形,以便人们观测,如图 1.25 所示。若利用传感器将各种物理参数转换为电信号后,可利用示波器观测各种物理参数的数量和变化。

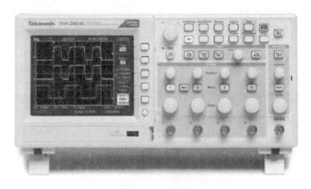

图 1.25　示波器

① 打开示波器后,先对其作功能检查和探头补偿校准。再将示波器探头(探头上的开关一般设定在×10 位置)和地线夹子连接到面板的"探头元件"连接器上,然后按"自动设置"按钮,此时若示波器功能正常,如图 1.26 所示,则左方屏幕显示 1 kHz,电压显示 5 V。

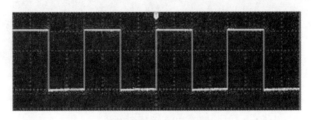

图 1.26　正常波形

② 若显示的方波有失真,就要对探头进行补偿调整,图 1.27 为过补偿波形;图 1.28 为欠补偿波形。这时可用仪器配的工具进行探头电容调整。

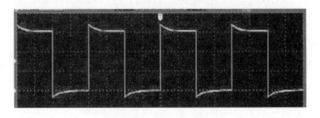

图 1.27　过补偿波形

③ 调整仪器面板右侧"触发电平"旋钮设定捕捉脉冲电平比信号稍高点,设高 0.2 V,在调整仪器面板"触发电平"旋钮的同时,屏幕上的黄色箭头跟着移动,同时屏幕下方显示"2.2 V"字样和"上升沿触发"等。

④ 调整"水平位置"旋钮,设定捕获突发脉冲在 X 轴上,此时时间轴在原点处,同时屏幕上方白色箭头在水平方向作相应移动。

⑤ 按下"单次"主控按钮准备捕获触发脉冲,屏幕白色箭头示"Ready"字样,表示准备

好了。

图 1.28 欠补偿波形

3. 网络测试仪

① 需要将做好的直通线或者交叉线分别插入这两个接口,如图 1.29 所示。

图 1.29 网络测试仪

② 打开此处的开关。

③ 仔细查看这两处网线灯的同步,注意同步亮起顺序判断网线是否通的重要一步。

a. 如果是直通线,则两边依次且同步亮起顺序为:1,2,3,4,5,6,7,8;

b. 如果是交叉线,则两边依次且同步亮起顺序为:3,6,1,4,5,2,7,8;

c. 若中途出现有灯未亮起或者顺序不对,则网线未做通,需要重新制作。

网络电缆测试仪可以对双绞线 1,2,3,4,5,6,7,8 和 G 线对逐根(对)测试,并可区分判定哪一根(对)错线、短路和开路。RJ-45 头没完全压下时不能测试,否则会使端口永久损坏,请使用原装好品质的压线工具和水晶头,无注明 RJ-11 的端口,均不能测试电话连接 RJ-11,否则将导致端口插针永久损坏。

4. 光纤测试仪

光纤布线是当今数据通信网络的核心,如图 1.30 所示。光纤是当今最主要的介质类型,广泛用于关键任务数据中心链路、建筑物内的网络架构以及校园网络远程连接。但是伴随而来的是各类光纤故障,经常会出现连通不畅或者丢包的现象,为此几乎大部分的网络中都会配备光纤测试仪。

光纤测试仪的正确使用步骤如下:

① 选择正确的测试标准、元件标准和应用标准。如果清楚当前网络应用情况,如被测链路是运行 1000 base-SX 的,那么采用应用标准来测试;如果不清楚应用情况,那么采用元器标准来测试;如 ISO 和 TIA 的相应标准。

② 注意模式带宽。在升级链路时,需要考虑一下当前使用的光缆是否满足最低模式带宽的要求。

③ 选用正确的光源。测试时,选用光源最好与网络实际使用的光发射端口光源一致。

④ 视测试要求,决定选用哪一级的测试,TSB-140 标准定义了两种类别的测试,类别一是 OLTS 测试,即光源光功率计的测试方式;类别二是 OTDR 测试,即光时域反射,单端测试。类别一适用于光损耗的测试,类别二适用于光纤故障的定位测试。

图 1.30　光纤测试仪

除了上述提到的损耗、长度、模式带宽,还需要注意色散,我们的交换机接口光源很多已经从 LED 光源改为 VCSEL 光源,就是为了降低色散,避免信号被过度展宽,同样运用在测试中,为了更真实地评测光缆的性能,对于 50 μm 的光纤,建议测试中也采用 VCSEL 的光源进行测试。

5. 十字螺丝刀

十字螺丝刀(图 1.31)使用方法如下:
① 根据所要拆装的螺丝选择规格合适的螺丝刀,切不要选错螺丝刀。

图 1.31　十字螺丝刀

② 选用的螺丝刀口端要与螺栓或螺钉上的槽口相吻合。如果口端太薄,则容易折断,太厚则无法完全嵌入槽内,容易使刀口或螺栓、槽口损坏。

③ 使用时,切不可将螺丝刀当作撬棒或凿子来使用。

④ 拆装电器的螺丝时,必须断开电源,严禁带电作业。

⑤ 开始拆装时,一定要握住螺丝刀把,然后将螺丝刀头与螺丝接触好,用力均匀,切不可拧坏螺丝。

⑥ 上螺丝时将螺丝装入螺丝腔中,一只手握住护筒手柄,将螺丝尖顶在目标物上,另一只手拧动螺丝刀柄即可。卸螺丝时一只手握住护筒手柄,将螺丝刀顶在螺丝上,另一只手拧动螺丝刀柄即可。最好以右手握持螺丝刀,手心抵住柄端,让螺丝刀口端与螺栓或螺钉槽口处于垂直吻合状态。

⑦ 当开始拧松或最后拧紧时,要用力将螺丝刀压紧后再用手腕的力气扭转螺丝刀,当螺栓松动后,即可使手心轻压螺丝刀柄,用拇指、中指和食指快速转动螺丝刀。一般往顺时针方向旋转为嵌紧,往逆时针方向旋转为松出。

6. 扳手

活动扳手是由扳手的主体、固定的钳口、可活动的钳口以及蜗杆等部件组成,如图1.32

所示。它的开口尺寸可以通过蜗杆在一定尺寸内调节。

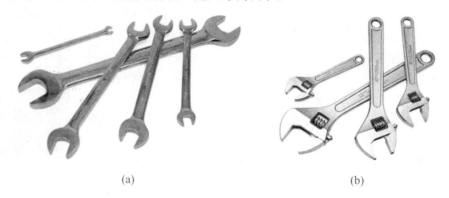

图1.32　呆扳手(a)和活动扳手(b)

① 使用时按我们要拧的部件调整扳手的尺寸,不能有间隙,防止打滑损坏部件。

② 使用时要让扳手的开口线与螺母的六角边平行,不要把扳手放在螺母的六个角上就开始使用,否则会损坏部件。

③ 不要用过大的扳手去拧尺寸较小的螺钉,这样容易扳断螺钉。

④ 方向不要弄反,要让固定钳口受主要作用力,防止活动钳口松动造成人员受伤以及部件损坏。

⑤ 活动扳手不要当锤击工具使用,扳手手柄也不要任意接长。

⑥ 使用时用力方向不要站人,防止用力不当造成人员受伤。

⑦ 使用完扳手注意用酒精或者除锈剂进行清洁,防止生锈造成使用不便。

1.1.4　常见通信协议

1. 并行通信方式

并行通信方式一般发生在板级内部各元件之间、主机与扩展模块或近距离智能模块的处理器之间。

一组数据的各数据位在多条线上同时被传输,这种传输方式称为并行通信,如图1.33所示。它以计算机的字长(通常是8位、16位或32位)为传输单位,每次传送一个字长的数据。

并行通信的特点是:数据有多少位就需要多少根传输线,传送速率快,但硬件成本高,抗干扰能力差,不适合远距离通信。

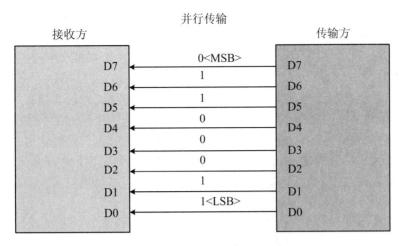

图 1.33　并行传输

2. 串行通信方式

串行通信在传送数据时,数据的各个不同位分时使用同一条传输线,从低位开始一位接一位顺序传送,如图 1.34 所示。

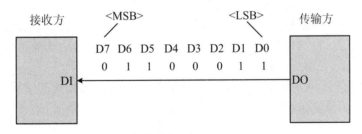

图 1.34　串行传输

串行通信的特点是:需要的信号线少,最少的只需要两根线(即双绞线),适合远距离传送数据。

串行通信传输速率(又称波特率)即每秒传送的二进制位数,用 bit/s 表示,其通信格式如图 1.35 所示。

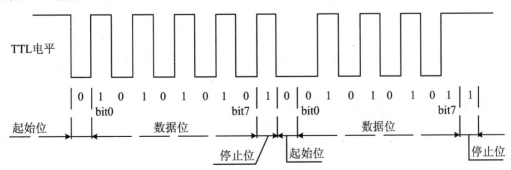

图 1.35　串行通信格式

串行数据位在硬件传输上的信号又分为两种,一种是共模信号,另一种是差模信号。

差模又称串模,指的是两根线之间的信号差值;而共模噪声又称对地噪声,指的是两根线分别对地的噪声。差模信号是指幅度相等、相位相反的信号,共模信号是指幅度相等、相位相同的信号。

共模信号的数据在传输的过程中,地线电位如果发生浮动,地线与信号线间的电压就会不稳定,也就是共模电压不稳定,即产生了共模干扰。若两根线上的共模干扰电压不一致,则还会使这两根信号线的差值发生浮动,引起差模干扰。我们常将信号线做成双绞线的原因就是让两根信号线的空间位置相对接近,使它俩的共模干扰电压一致,从而尽可能地消除了差模干扰。如果我们想得到的是信号线的差值,这样做就会大大减小误差。

因此差模信号比共模信号抗干扰能力强,使用也较广。

常见的共模信号主要有 RS-232,差模信号根据不同的协议以及单双工等又细分为 USB、CAN、RS-485、RS-422、以太网(RJ-45)等。

3. CAN 协议

CAN 控制器局域网是一种能有效支持分布式控制和实时控制的串行通信网络。CAN-bus 发布了 ISO 11898 和 ISO 11519 两个通信标准,此两个标准中差分电平的特性不相同。

CAN 总线是一个广播类型的总线,因此任何在总线上的节点都可以监听总线上传输的数据,也就是说总线上的传输不是点到点的,而是一点对多点的传输,这里多点的意思是总线上所有的节点。但是总线上的节点如何知道哪些数据是传送给自己的呢?CAN 总线的硬件芯片提供了一种叫作本地过滤的功能,通过这种本地过滤的功能可以过滤掉一些和自己无关的数据,而保留一些和自己有关的信息。

CAN-bus 通信帧共分为数据帧、远程帧、错误帧、过载帧和帧间隔五种类型,如表 1.8 所示。帧格式分为标准帧(CAN2.0A)和扩展帧(CAN2.0B)两种。

表 1.8 CAN 通信帧

名称	功能
数据帧	用于发送单元向接收单元传送数据的帧
远程帧	用于接收单元向具有相同 ID 的发送单元请求数据的帧
错误帧	用于当检测出错误时向其他单元通知错误的帧
过载帧	用于接收单元通知其尚未做好接收准备的帧
帧间隔	用于将数据帧及遥控帧与前面的帧分离开来的帧

数据帧由 7 个段构成,如图 1.36 所示,分别是:

① 帧起始:表示数据帧开始的段。
② 仲裁段:表示该帧优先级的段。
③ 控制段:表示数据的字节数及保留位的段。
④ 数据段:数据的内容,可发送 0~8 个字节的数据。
⑤ CRC 段:检查帧的传输错误的段。

⑥ ACK 段：表示确认正常接收的段。
⑦ 帧结束：表示数据帧结束的段。

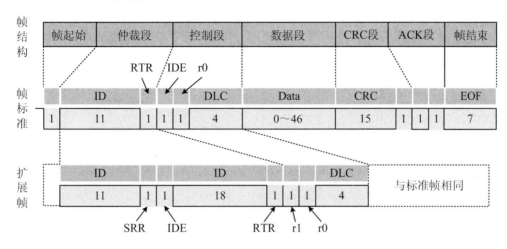

图 1.36 数据帧的位结构

4. 以太网协议

随着计算机网络技术的发展以及各企业对自动化程度要求的不断提高，自动化控制从传统的集中式控制向多元化分布式方向发展。世界各工业设备厂商纷纷给自己的产品增加了通信和联网的功能，工业网络也逐步从 RS-232 串行通信向 RS-485 串行通信过渡，最后走向工业以太网通信。

（1）TCP/IP 协议

Internet 协议族是对 ISO/OSI 的简化，其主要功能集中在 OSI 的第三、四层，通过增加软件模块来保证和已有系统的最大兼容性。现在 TCP/IP 协议族已成为 Internet 的标准，应用最为广泛，TCP/IP 协议族包括多种协议，如表 1.9 所示。

表 1.9 TCP/IP 协议族

	TCP/IP协议族					
应用层	Telnet	FTP	SMTP	HTTP	DNS	Others
传输层	TCP				UDP	
网络层	ICMP					
	IP				ARP	RARP
网络接口层	Network Interface					

（2）以太网数据帧结构

以太网是目前最流行的一种局域网组网技术，其他常见局域网组网技术还有令牌环局域网、无线局域网、ATM 局域网等。以太网技术的正式标准是 IEEE 802.3 标准,它规定了在以太网中传输的数据帧结构,如表 1.10 所示。

表 1.10 以太网数据帧结构

前同步码	SFD	目的地址	源地址	长度/类型	数据和填充	CRC
7字节	1字节	6字节	6字节	2字节	46~1500字节	4字节
				类型 0800	IP 数据包	
				类型 0806	ARP 请求/应答	
				类型 0835	RARP 请求/应答	

(3) IP 帧

IP 协议是 TCP/IP 协议族中最为核心的协议,它提供不可靠的、无连接的服务,也即依赖其他层的协议进行差错控制。在局域网中,IP 协议往往被封装在以太网帧中传送,而所有的 TCP、UDP、ICMP、IGMP 数据都被封装在 IP 数据报中传送。

(4) ARP 帧

ARP(address resolution protocol)即地址解析协议,是根据 IP 地址获取物理地址的一个 TCP/IP 协议。主机发送信息时将包含目标 IP 地址的 ARP 请求广播到局域网络上的所有主机,并接收返回消息,以此确定目标的物理地址;收到返回消息后将该 IP 地址和物理地址存入本机 ARP 缓存中并保留一定时间,下次请求时直接查询 ARP 缓存以节约资源。

(5) RARP 帧

地址解析协议是根据 IP 地址获取物理地址的协议,而反向地址转换协议(RARP)是局域网的物理机器从网关服务器的 ARP 表或者缓存上根据 MAC 地址请求 IP 地址的协议,其功能与地址解析协议相反。

(6) UDP 帧

UDP(user datagram protocol)即用户数据报协议,在网络中与 TCP 协议一样用于处理数据包,是一种不可靠(服务不用确认、不对报文排序、不进行流量控制,可能会出现丢失、重复、失序现象)、无连接(在主机间不建立会话)的协议,在 OSI 模型中的第四层——传输层,处于 IP 协议的上一层。UDP 传输不是可靠性服务,因此帧结构较为简单,而且处理与发送速率高,开销要求低,支持点对点和一点对多点的通信,经常用作音频、视频和普通数据的传输协议,它们即使偶尔丢失一两个数据包,也不会对接收结果产生太大影响。

(7) TCP 帧

TCP(transmission control protocol)即传输控制协议,是一种面向连接的(需通过三次握手来建立 TCP 连接,在主机间建立会话)、可靠的(TCP 通过确认和按顺序传递来确保数据的传递)、基于字节流的传输层通信协议。但 TCP 传输较慢,开销略高,并且只支持点对点通信。当应用层向 TCP 层发送用于网间传输的 8 字节表示的数据流,TCP 把数据流分割成适当长度的报文段,最大传输段大小(MSS)通常受该计算机连接的网络的数据链路层的最大传送单元(MTU)限制,之后 TCP 把数据包传给 IP 层,由它来通过网络将包传送给接收端实体的 TCP 层。

(8) HTTP 报文

HTTP 是建立在 TCP/IP 上层的应用层协议,可以保证客户端(特别是 Web 浏览器)正确和快速地传输超文本文件信息,并且是一个基于请求/响应模式的无状态协议,自由度更高,是面向文本的,报文中的每一个字段都是一些 ASCALL 码串,各个字段的长度是不确定的。报文类型可以分为两种:请求报文和响应报文(都是由一个请求起始行、一个或多个头域、一个标识头域结束的空行和可选的消息体组成)。

1.2 供电理论基础

1.2.1 供电系统

城轨供电系统的外部电源有集中式、分散式和混合式三种供电方案,采用不同的外部电源方案时,城轨供电系统的结构有所不同,但均主要由电源、变配电系统和电力监控系统构成。

城轨供电系统按功能的不同可分为外部电源、主变电所、牵引供电系统、动力照明供电系统、杂散电流腐蚀防护系统、电力监控系统几个部分。其中,主变电所为城市轨道交通系统提供能源的枢纽;牵引变电所为列车提供适应的电源;动力照明供电系统为车站、隧道动力照明负荷提供电源等。

对于三相四线制的电网,三根相线中任意两根间的电压称线电压,任意一根的相线与零线间的电压称相电压。

(1) 相电压

火线与零线之间的电压。我国相电压为 220 V,频率为 50 Hz。

(2) 线电压

三相输电线各线(火线)间的电压叫线电压,线电压的大小为相电压的 $\sqrt{3}$ 倍。我国线电压为 380 V,频率为 50 Hz。

三相电压的相位相差 120°,线电压是两个相的相电压的矢量和。

线电压与相电压的大小关系为:线电压等于 $\sqrt{3}$ 倍的相电压,如图 1.37 所示。对于市电,相电压为 220 V,线电压是 220 V 的 $\sqrt{3}$ 倍,即 380 V。

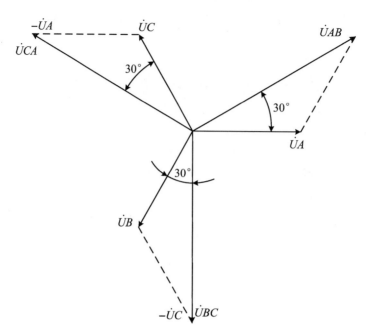

图1.37 线电压与相电压的大小关系

1.2.2 安全防护

1. 用电安全知识

(1) 电流对人体的作用

若不慎触及带电体,产生触电事故,将使人体受到各种不同的伤害。根据伤害性质的不同,可分为电伤和电击两种。

电伤是指在电弧作用下或熔丝熔断时,对人体外部的伤害,如烧伤、金属溅伤等。

电击是指电流通过人体,使内部器官组织受到损伤。若受害者不能迅速摆脱带电体,则最后会造成死亡事故。电击所引起的伤害程度与下列三个因素有关。

① 人体电阻的大小。人体的电阻越大,通入的电流越小,伤害程度也就越轻。当皮肤有完好的角质外层并且很干燥时,人体电阻为 $10^4 \sim 10^5$ Ω;当角质外层被破坏时,则电阻降到 $800 \sim 10000$ Ω。

② 电流通过时间的长短。电流通过人体的时间越长,伤害越严重。

③ 电流的大小。如果通过人体的电流在 0.05 A 以上,就有生命危险。一般来说,接触 36 V 以下的电压时,通过人体的电流不会超过 0.05 A,故把 36 V 电的电压规定为安全电压。如果在潮湿的场所,安全电压规定得还要低一些,通常为 24 V 和 12 V。

此外,电击后的伤害程度还与电流通过人体的路径以及带电体接触的面积和压力等因素有关。

(2) 触电方式

人体的触电方式主要有以下两种。

① 接触正常带电体。a. 电源中性点接地的单相触电,如图 1.38 所示。这时人体处于相电压之下,危险性较大。如果人体对地面的绝缘较好,危险性可以大大减小。

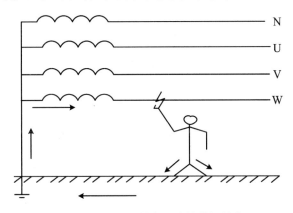

图 1.38　电源中性点接地的单相触电

b. 电源中性点不接地的单相触电,如图 1.39 所示。这种触电也有危险。乍看起来,似乎电源中性点不接地时,不能构成电流通过人体的回路。但要考虑到导线与地面间的绝缘可能不良(对地绝缘电阻为 R),甚至有一相接地,在这种情况下人体就有电流通过。在交流的情况下,导线与地面间存在的电容也可构成电流的通路。

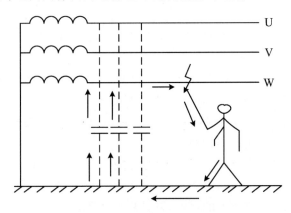

图 1.39　中性点不接地单相触电

c. 两相触电最危险,因为人体处于线电压之下,如图 1.40 所示,但这种情况不常见。

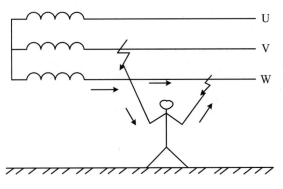

图 1.40　两相触电

② 接触正常不带电的金属体。触电的另一种情形是接触正常不带电的部分。例如,电动机的外壳本来是不带电的,由于线圈绝缘损坏而与外壳相接触,也使它带电。手触及带电的电动机(或其他电气设备)外壳,相当于单相触电。大多数触电事故属于这一种。为了防止这种触电事故,对电气设备常采用保护接地和保护接零(接中性线)的保护装置。

2. 维修电工人身安全

① 在进行电气设备安装和维修操作时,必须严格遵守各种安全操作规程和规定,不得玩忽职守。

② 操作时要严格遵守停电操作的规定,要切实做好防止突然送电时的各种安全措施。如挂上"有人工作,不许合闸"的警示牌,锁上刀开关或取下总电源熔断器的熔体,不准约定时间送电等。

③ 在操作邻近带电部分时,要保证有可靠的安全距离。

④ 操作前应仔细检查工具的绝缘性能,检查绝缘鞋、绝缘手套等安全用具的绝缘性能是否良好,有问题的应立即更换,并定期进行检查。

⑤ 登高工具必须安全可靠,未经登高训练的,不准进行登高作业。

⑥ 如发现有人触电,要立即采取正确的抢救措施。

3. 设备运行安全

① 对于已出现故障的电气设备、装置及线路,不应继续使用,以免事态扩大,必须及时进行检修。

② 必须严格按照设备操作规程进行操作,接通电源时必须先合上隔离开关,再合上负荷开关;断开电源时,应先切断负荷开关,再切断隔离开关。

③ 当需要切断故障区域电源时,要尽量缩小停电范围。有分路开关的,要尽量切断故障区域的分路开关,尽量避免越级切断电源。

④ 电气设备一般都不能受潮,要有防止雨雪、水汽侵袭的措施。电气设备在运行时会发热,因此必须保持良好的通风条件,有的还要有防火措施。有裸露带电的设备、特别是高压电气设备,要有防止小动物进入的措施,以免造成短路事故。

⑤ 所有电气设备的金属外壳都应有可靠的接地措施,凡有可能被雷击的电气设备都要安装防雷设施。

4. 防止触电的措施

① 不得随便乱动或私自修理车间内的电气设备。

② 经常接触和使用的配电箱、配电板、刀开关、按钮、插座以及导线等必须保持完好,不得有破损或将带电部分裸露出来。

③ 不得用铜丝等代替熔丝,并保持刀开关、磁力开关等盖面完整,以防短路时发生电弧或熔丝熔断伤人。

④ 经常检查电气设备的保护接地、接零装置,保证连接牢固。

⑤ 在使用手电钻、电砂轮等手持电动工具时,必须安装漏电保护器,工具外壳进行防护性接地或接零,并要防止移动工具时导线被拉断。操作时应戴好绝缘手套并站在绝缘

板上。

⑥ 在移动电风扇、照明灯、电焊机等电气设备时,必须先切断电源,并保护好导线,以免磨损或拉断。

⑦ 在雷雨天,不要走近高压电杆、铁塔、避雷针的接地导线周围 20 m 范围。当遇到高压线跌落时,周围 10 m 范围之内,禁止人员入内;若已经站在 10 m 范围之内,应单足或并足跳出危险区。

⑧ 对设备进行维修时,一定要先切断电源,并在明显处放置"有人工作,禁止合闸"的警示牌。

1.2.3 接地装置

1. 工作接地

为了保证电气设备在正常和事故情况下能可靠工作而进行的接地称为工作接地,如中性点的直接接地和间接接地以及零线的重复接地,如图 1.41 所示。防雷接地等都是工作接地。工作接地是指将电力系统的某点(如中性点)直接接大地,或经消弧线圈、电阻等与大地金属连接,如变压器、互感器中性点接地等。

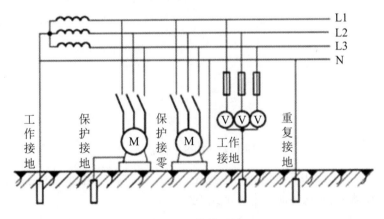

图 1.41 接地系统

2. 保护接地

相对于保证电气设备正常工作的工作接地,为了保证人身安全,避免发生人体触电事故,将电气设备的金属外壳与接地装置连接的方式称为保护接地。当人体触及外壳已带电的电气设备时,由于接地体的接触电阻远小于人体电阻,绝大部分电流经接地体进入大地,只有很小部分流过人体,不致对人的生命造成危害。

1.2.4 开关电源

1. UPS

UPS(uninterruptible power system)即不间断电源,是一种含有储能装置,以逆变器为主要组成部分的恒压恒频的不间断电源。主要用于给单台计算机、计算机网络系统或其他电力电子设备提供不间断的电力供应,如图1.42所示。当市电输入正常时,UPS将市电稳压后供应给负载使用,此时的UPS就是一台交流市电稳压器,同时它还向机内电池充电。当市电中断(或事故停电)时,UPS立即将机内电池的电能,通过逆变转换的方法向负载继续供应220 V交流电,使负载维持正常工作并保护负载软、硬件不受损坏。

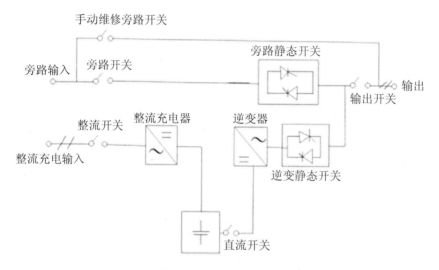

图1.42 UPS工作原理

当市电输入正常时,UPS电源将市电稳压后供应给负载使用,此时的UPS电源就是一台交流式电稳压器,同时它还向配套电池组充电。

当市电中断(或事故停电)时,UPS电源立即将其配套电池的直流电能,通过逆变器切换转换的方法向负载继续供应交流电,使负载维持有限时长内正常工作,给用户充裕的时间应对工作、保持数据及安全关闭精密设备仪器。

UPS电源设备通常对电压过高或电压过低都能提供保护,在市电正常时输出电压质量比EPS电源的高。

2. 电源转换

AC-DC转换一般通过二极管整流电路或电子开关电路,将交流电转换为直流电,如图1.43所示。

① 整流电路,是将工频交流电转换为脉动直流电,整流方式有全波整流、半波整流。另外根据需要的电压,可以在整流之前做变压。

② 滤波电路,将脉动直流中的交流成分滤除,减少交流成分,增加直流成分。

③ 稳压电路,采用负反馈技术,对整流后的直流电压进一步进行稳定。

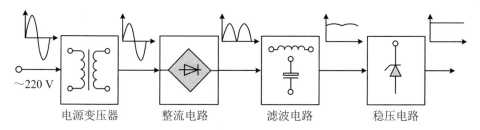

图 1.43　AC-DC 转换

④ 逆变器(inverter),是把直流电能(电池、蓄电瓶)转变成交流电(一般为 220 V、50 Hz 正弦或方波)。应急电源,一般是把直流电瓶逆变成 220 V 交流的。

通俗地讲,逆变器是一种将直流电(DC)转化为交流电(AC)的装置。它由逆变桥、控制逻辑和滤波电路组成。

两桥臂结构逆变电路工作原理如图 1.44、图 1.45 所示。

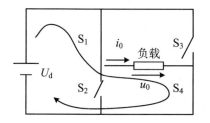 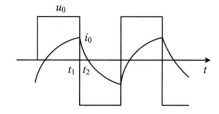

图 1.44　S_1、S_4 闭合,S_2、S_3 断开时电路和波形图

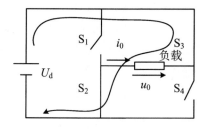 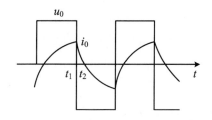

图 1.45　S_2、S_3 闭合,S_1、S_4 断开时电路和波形图

3. 变压器

(1) 交流变压器

变压器的工作原理是用电磁感应原理工作的。变压器有两组线圈:初级线圈和次级线圈。次级线圈在初级线圈外边。当初级线圈通上交流电时,变压器铁芯产生交变磁场,次级线圈就产生感应电动势。变压器的线圈的匝数比等于电压比。例如,初级线圈是 500 匝,次级线圈是 250 匝,初级通上 220 V 交流电,次级电压就是 110 V。变压器能降压也能升压。如果初级线圈比次级线圈圈数少就是升压变压器,可将低电压升为高电压。其工作原理如图 1.46 所示。

二次绕组(也称副绕组或次级绕组):接负载,其匝数为 N_2。

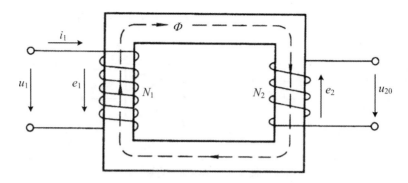

图1.46 交流变压器工作原理

一次绕组(也称原绕组或初级绕组):接交流电源,其匝数为 N_1。

一、二次绕组中其感应电动势瞬时值分别为

$$e_1 = -N_1 \frac{d\varphi}{dt}$$

$$e_2 = -N_2 \frac{d\varphi}{dt}$$

$$\frac{e_1}{e_2} = \frac{E_1}{E_2} = \frac{N_1}{N_2}$$

(2) 直流电压变换器

不存在"直流变压器","直流电压变换器"的功能是改变直流电压值。其工作原理分为两类:

第一类利用斩波技术,由开关管将输入电源改变成脉冲串,改变脉冲串的"占空比"就可以调整整流后的直流电压了。可见,这类直流电压变换器只能用于降压。

第二类先将直流变成频率为 10 kHz 以上的方波,随后用变压器变压,再经整流、滤波获得需要的直流电压。这类变换可同时适宜于升、降压。现在的计算机电源就是先将 50 Hz 交流电变整流成直流,再采用第二类的变换技术获得 +5 V、-5 V、+12 V、-12 V 等电压值。

4. 断路器

断路器(circuit breaker)是指能够关合、承载和开断正常回路条件下的电流,并能关合、在规定的时间内承载和开断异常回路条件下的电流的开关装置,如图1.47所示。断路器按其使用范围分为高压断路器与低压断路器,高低压界线划分比较模糊,一般将3 kV以上的称为高压电器。

断路器一般由触头系统、灭弧系统、操作机构、脱扣器、外壳等构成。

当短路时,大电流(一般为 10~12 倍)产生的磁场克服反力弹簧,脱扣器拉动操作机构动作,开关瞬时跳闸。当过载时,电流变大,发热量加剧,双金属片变形到一定程度推动机构动作(电流越大,动作时间越短)。

断路器可用来分配电能,而不用频繁地启动异步电动机,对电源线路及电动机等实行保护,当它们发生严重的过载或者短路及欠压等故障时能自动切断电路,其功能相当于熔断器式开关与过欠热继电器等的组合,而且在分断故障电流后一般不需要变更零部件。

图 1.47　断路器

低压断路器的主触点是靠手动操作或电动合闸的。主触点闭合后,自由脱扣机构将主触点锁在合闸位置上。过电流脱扣器的线圈和热脱扣器的热元件与主电路串联,欠电压脱扣器的线圈和电源并联。当电路发生短路或严重过载时,过电流脱扣器的衔铁吸合,使自由脱扣机构动作,主触点断开主电路。当电路过载时,热脱扣器的热元件发热使双金属片上弯曲,推动自由脱扣机构动作。当电路欠电压时,欠电压脱扣器的衔铁释放,也使自由脱扣机构动作。分励脱扣器则作为远距离控制用,在正常工作时其线圈是断电的,在需要距离控制时,按下启动按钮使线圈通电。

5. 漏电保护器

漏电保护器,简称漏电开关,又叫漏电断路器,主要是用于设备发生漏电故障时以及对有致命危险的人身触电进行保护,具有过载和短路保护功能,可用来保护线路或电动机的过载和短路,亦可在正常情况下作为线路的不频繁转换启用用,如图 1.48 所示。

漏电保护继电器是指具有对漏电流检测和判断的功能,而不具有切断和接通主回路功能的漏电保护装置。漏电保护继电器由零序互感器、脱扣器和输出信号的辅助接点组成。它可与大电流的自动开关配合,作为低压电网的总保护或主干路的漏电、接地或绝缘的监视保护。

当主回路有漏电流时,辅助接点和主回路开关的分离脱扣器串联成一回路,辅助接点接通分离脱扣器而断开空气开关、交流接触器等,使其掉闸,切断主回路。辅助接点也可以接通声、光信号装置,发出漏电报警信号,反映线路的绝缘状况。

图 1.48　漏电保护器

漏电保护开关是指它不仅与其他断路器一样可将主电路接通或断开,而且具有对漏电流检测和判断的功能,当主回路中发生漏电或绝缘破坏时,漏电保护开关可根据判断结果将主电路接通或断开。它与熔断器、热继电器配合可构成功能完善的低压开关元件。

6. 浪涌保护器

浪涌保护器,也叫防雷器,是一种为各种电子设备、仪器仪表、通信线路提供安全防护的电子装置,如图1.49所示。当电气回路或者通信线路中因为外界的干扰突然产生尖峰电流或者电压时,浪涌保护器能在极短的时间内导通分流,从而避免浪涌对回路中其他设备的损害。

浪涌保护器适用于交流50/60 Hz,额定电压为220~380 V的供电系统中,对间接雷电和直接雷电影响或其他瞬时过压的电涌进行保护。

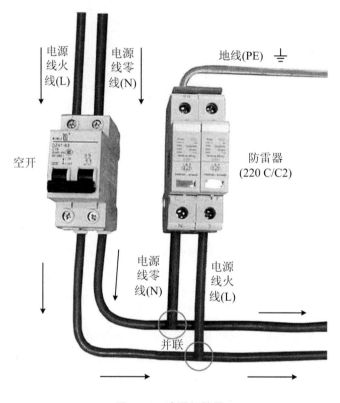

图1.49 浪涌保护器

1.3 轨道交通专用票

1.3.1 轨道交通车票体系的发展

车票是乘客乘车的凭证,是乘客与售检票设备信息交换和计费的媒介,车票记载了乘客从购票开始,完成一次完整行程所需要和产生的费用、时间、乘车区间等信息,也称为车票媒介。所使用的车票先后经历纸质车票、磁卡车票、智能车票等几个阶段。

1.3.2 票卡类型

1. 票卡分类

票卡按信息记录介质分类有印刷、磁记录、数字记录;按信息认读方式分类有视读、机读方式;按检票方式分类有人工方式、半自动方式和自动方式,如图1.50所示。

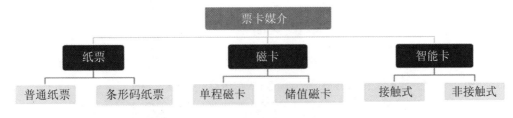

图1.50 票卡媒介

2. 纸质车票

纸质车票分为普通纸票和条形码纸票两种。

普通纸票将车票的相关信息印制在票面(纸质)上,由票务人员视读确认。

票面上的基本信息包括:车票编号、出票站点、乘车日期、乘车车次、乘车区间、票款金额、时间限制以及换乘等信息。

条形码纸票是将宽度不等的多个黑条和空白,按照一定的编码规则排列,用以表达一组信息的图形标识符。

条形码系统是由条码符号设计、制作及扫描阅读组成的自动识别系统,如图1.51所示。

图1.51 条形码

在条形码车票中,车票的信息是通过条形码编码实现的。

3. 磁性票卡

磁卡是一种磁记录介质卡片。磁卡上的磁涂层(磁条)是一层薄薄的由排列定向的铁性氧化粒子组成的材料。

用树脂黏合剂将材料严密地黏合在一起,并黏合在诸如纸或塑料这样的非磁基片媒介上,由此形成了纸质磁性票卡或塑制磁性票卡,如图1.52所示。

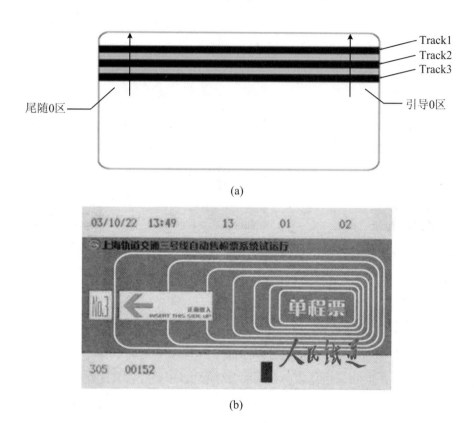

图 1.52 磁性票卡

磁卡的一面印刷有说明提示性信息,如插卡方向;另一面则有磁层或磁条,具有 2~3 个磁道以记录有关信息数据。

常见的磁条上有 3 个磁道,称 TK1,TK2,TK3。

磁道 1 与磁道 2 是只读磁道,在使用时磁道上记录的信息只能读出而不允许写或修改。

磁道 3 为读写磁道,在使用时可以读出,也可以写入。

4. 智能票卡

其分类如图 1.53 所示。

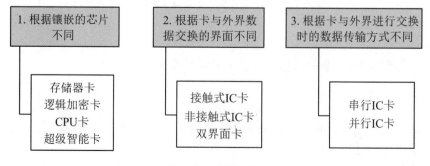

图 1.53 智能票卡

(1) 接触式 IC 卡

接触式 IC 卡由微处理器、操作系统、加密逻辑、串行 EEPROM 及相关电路组成,如图 1.54 所示。接触式 IC 卡一般由基片、接触面及集成电路芯片构成。

图 1.54 接触式 IC 卡

(2) 非接触式 IC 卡

非接触 IC 卡,又称 RFID(radio frequency identification)射频卡,由 IC 芯片、感应天线组成,如图 1.55 所示,并完全密封在一个标准塑制卡片中,无外露部分,其读写过程通常由非接触型 IC 卡与读写器之间通过无线电波来完成。

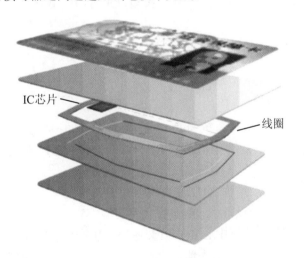

图 1.55 非接触式 IC 票卡

非接触型 IC 卡本身是无源体,非接触式 IC 卡的读写过程,是由 IC 芯片与读写器之间在一定的距离范围内(通常为 5~15 mm),通过无线电波的传递来完成芯片数据的读写操作,其工作原理如图 1.56 所示。

一部分是电源信号,读写器向卡发一组固定频率的电磁波,由卡接收后,与其本身的 L/C 产生谐振,并产生一个瞬间能量来供给芯片工作。

另一部分则是结合数据信号,指挥芯片完成数据、修改、存储等,并返回给读写器。

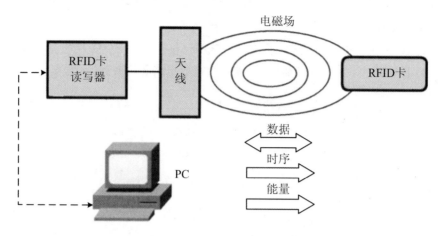

图1.56　RFID卡工作原理

IC卡常见型号：Philips Mifare 1 S50；Philips Mifare 1 S70；Mifare Ultra Light。
工作频率：13.56 MHz。
读写距离：2.5～10 cm。
制作标准：ISO 14443。

1.4　自动售检票系统术语和缩写

1.4.1　术语

自动售检票系统简称AFC系统（automatic fare collection system），是基于计算机、通信、网络、自动控制等技术，实现轨道交通售票、检票、计费、收费、统计、清分、管理等全过程的自动化系统。

自动售检票系统的五层结构：合肥城市轨道交通AFC系统分为清分系统、线路计算机系统、车站计算机系统、终端设备、车票，如图1.57所示。

第一层：清算系统包含清算中心和轨道交通清分中心（ACC）。ACC负责轨道交通全路网的票务管理、票卡发行与调配管理、一票通一卡通等换乘交易清算、路网运营模式监控，以及各类交易数据、客流数据的统计分析报表。

第二层：线路中央计算机系统（LC）。LC负责本线路和相邻线路的票务管理、运行模式管理、数据采集、性能监控、设备监控、故障管理、统计报表等各项功能。

第三层：车站计算机系统（SC）。SC负责对本站所管辖的终端设备进行管理、监控和数据采集，负责本站票务管理、现金管理等。

第四层：车站终端设备（SLE）。SLE依据其不同设备类型完成相应的功能操作，主要包含自动售票机、自动检票机、半自动售票机等，完成售票、进出站检票、票卡更新、车票回收等功能。

第五层:车票。车票类型包括:一卡通、单程票、储值票、员工票、计次票、测试票等。

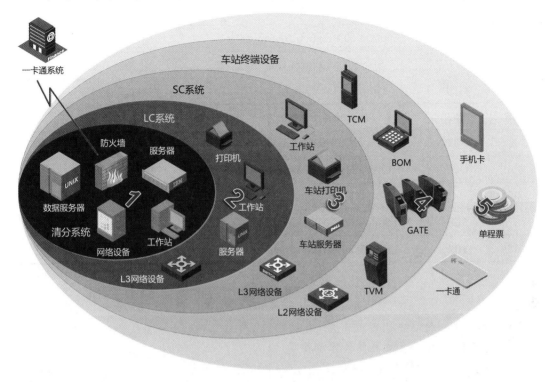

图 1.57　自动售检票系统五层架构

1.4.2　缩写

自动售检票系统英文缩略语说明如表 1.11 所示。

表 1.11　自动售检票系统英文缩略语说明

序号	缩略语	英文解释	定义
1	AFC	Automatic Fare Collection	自动售检票系统
2	ACC	AFC Clearing Center	中央清分系统
3	LC	Line Center	线路中央计算机系统
4	SC	Station Computer	车站计算机系统
5	BOM	Booking Office Machine	半自动售票机
6	TVM	Ticket Vending Machine	自动售票机
7	AG(M)	Automatic Gate Machine	自动检票机(简称闸机),包含进站闸机、出站闸机和双向闸机
8	PCA	Portable Checking Analysis	便携式验票机
9	E/S	Encode/Sorter	编码分拣机

续表

序号	缩略语	英文解释	定义
10	API	Application Program Interface	应用程序接口
11	ECU	Electronic Control Unit	主控制单元
12	GUI	Graphics User Interface	图形化用户界面
13	MC	Maintenance Center	维修中心系统
14	NTP	Network Time Protocol	网络时间协议
15	OCC	Operating Control Center	线路控制中心
16	TC	Ticket Center	票务中心系统
17	SLE	Station Locale Equipment	车站现场设备
18	API	Application Program Interface	应用程序接口

技 术 训 练

1. CAN 串行通信协议具有哪些优势？
2. 简述 FDISK 分区的具体操作步骤。
3. 简述相电压和线电压的区别。
4. 简述触电方式有哪几种。
5. 简述非接触型 IC 卡的工作原理。
6. 简述自动售检票系统的五层结构及其功能。

第 2 章　AFC 概述

2.1　AFC 概述

2.1.1　AFC 的背景

近年来,科技的进步、思维的转变、智能手机的普及让金融和科技碰撞出更多的火花,越来越多的小额高频现金支付场景开始被多元化支付取代,移动互联网经济发展迅猛。依托移动电子商务增长强劲的大背景,地铁售检票系统的多元化支付业务应运而生,其主要指基于无线通信业务,通过移动终端实现的非现金方式的货币资金的转移以及支付行为。地铁售检票系统的多元化支付,包括互联网购票、互联网过闸、金融 IC 卡、地铁云卡和地铁乘车码等多种支付方式,其改变了传统购票过闸模式,为乘客提供了多样的购票和过闸体验,乘客支付变得更快捷,能随时随地购票,也能省去兑零钞等的时间,避免排长队购票的麻烦,同时可以省去车站人员对自动售票机定期补充钱币、回收钱币等工作,避免收到伪币。

2.1.2　AFC 的概念

自动售检票系统简称 AFC 系统(automatic fare collection system),是以磁卡(纸制磁卡和 PET 磁卡)或智能卡(非接触式 IC 卡)为车票介质,利用自动售票机、半自动售/补票机查询机等终端设备,并通过计算机网络实现轨道交通运营中的自动售票、自动检票、自动收费、自动统计的封闭式票务管理自动化系统。轨道交通 AFC 系统由运营公司管理运行,通过 AFC 系统为地铁乘客、地铁运营公司提供服务。

AFC 系统集中了多项先进技术,实现了城市轨道交通范围内车票发售、车票验证、车票管理、客流控制、收入管理、设备监控、设备管理等功能。AFC 系统采用基于 TCP/IP 协议的网络架构,实现了稳定高速的设备信息传送,确保了设备运行的安全稳定和运营数据的及时收集。AFC 系统的数据传输基于封闭的分布范围广的局域网进行可靠传输。它采用的是全以太网网络传输方式,通过交换机、OTN 网络实现中央与各站计算机和车站 AFC 设备的通信和远程传输数据,数据的上传和采集速度得到了数十倍的提升。

我国城市轨道交通车站自动售检票设备的发展经历了从无到有的过程,最初全部是来自国外,近年来我国已进行了大量的研发,提供了多种形式的产品,技术水平也在不断提高。随着计算机技术和软件的发展,我国大多城市的轨道交通 AFC 系统已与城市一卡通系统接轨,并具备与城市公交一卡通进行自动收益清分能力的电子支付系统,实现城市甚至城市之间的一卡通,为广大市民出行提供了极大的票务便利。自动售检票系统是城市轨道交通系统发展的一个趋势,也是城市信息化建设的一个重要体现。

2.1.3 AFC 的发展过程

轨道交通 AFC 系统的发展随车票介质及管理体制发展而发展,早期(20 世纪 70~90 年代初)西方发达国家城市在推行 AFC 系统时,使用磁票作为车票介质,并建立基于磁票(含单程票及储值票)处理的 AFC 系统。早期 AFC 系统面向单一线路建设及运营管理,由于技术要求难以统一,各国家城市需求不同,AFC 系统的设备设计及功能、系统设计及功能、运营管理有很大不同。如日本使用小磁票作为单程票,PET 磁票作为定值储值票,美国使用 ISO 尺寸磁票作为单程票等。

20 世纪 90 年代以来,以 PHILIPS MIFARE 为代表的非接触 IC 卡的出现及不断成熟,新兴发展中国家在大力建设地铁公共交通系统的同时,同步建设 AFC 系统,AFC 系统发展随车票介质的变化而快速步入规范发展的轨道。

上海市 1997 年开始建设中国第一条基于磁票单程票及非接触 IC 卡储值票为基础的 AFC 系统(即上海地铁 1 号线、2 号线),随后快速发展,在实施地铁 3 号线及明珠线同时,通过改造系统将单程票介质调整为薄型 IC 卡,储值票使用上海公共交通卡(即城市一卡通),随后完成系统网络化运营规划,建设网络化清分中心系统,完成网络化一票通及一卡通的运营模式管理(于 2005~2006 年)。

1999 年,广州市开始建设基于 IC 卡 Token 及非接触 IC 卡储值票为车票介质的 AFC 系统。

2001 年,北京市开始建设基于小磁票及非接触 IC 卡储值票为车票介质的地铁 13 号线 AFC 系统,2004 年开通试运行。

北京市自 2004 年起步入轨道交通发展快车道,为适应 2008 年北京奥运会需要,同时建设地铁 5 号线、10 号线(含奥运支线)、机场线并完成地铁 13 号线 AFC 系统、地铁 1、2 及八通线 AFC 系统改造,同时建设轨道交通清算管理中心(ACC)及轨道交通调度管理中心(TCC),2008 年 5 月完成八条线路网络化一票通及一卡通的并网运行,开创轨道交通 AFC 系统建设历史及开通运营先河。

北京轨道交通规范也同步快速发展:

2005 年 8 月颁布轨道交通 AFC 系统技术管理暂行规定;

2007 年 12 月颁布轨道交通 AFC 系统业务规范及 ACC/AFC 实施技术要求;

2007 年 12 月颁布一卡通在轨道交通的技术标准;

2010 年 3 月颁布轨道交通 AFC 系统设计及实施导则。

2.2 AFC 的最新科技与现有科技

2.2.1 AFC 过闸支付

1. 扫码过闸

以互联网支付技术应用为契机,各地方轨道交通选择自建 App,或选择利用外部 App,实现地铁出行的便利,提供更加优质的品牌化服务。同时,传统票务系统已经逐渐实现从卡账户管理向个人账户管理的转型。以卡扣交易为扣费依据的传统票务支付,也可以逐渐转向以个人账户为依据的信用支付。

据调查计算得出,如今国内城市轨道交通城市中:呼和浩特、深圳、杭州、天津、福州等地,地铁扫码通过闸机占比率皆高于百分之六十,而扫码购票占比以济南为首,广州、佛山、上海、郑州、合肥等地,皆为百分之八十以上。

扫码过闸最大的受益者是市民乘客,真正意义上为乘客解决了购票排队、零钱购票以及忘带现金和乘车卡等问题,只要有手机就可以直接扫码过闸。

2. 人脸识别

在城市轨道交通运营过程中,AFC 系统是直接面向乘客提供服务的智能设备系统。随着人工智能、大数据等新一代信息技术的发展,各城市地铁运营单位紧跟科技发展脚步,提升乘客的乘车体验,为乘客提供更加便捷、舒适、安全的出行服务,在延续传统票卡正常使用的基础上,充分融合和运用了互联网、移动支付及刷脸支付等新技术,推动 AFC 支付系统更加的智能化和智慧化。

同时,由于新冠疫情的影响,除了对现金和实体票卡的防疫要求,对于人脸识别支付的推广普及也带来了一定影响。截至 2020 年 12 月 31 日,广州、哈尔滨、郑州、福州、南宁、贵阳等地已全面开始装设面向全体乘客的人脸支付过闸设备。合肥、广州、南宁等地,短期将以员工群体为主使用人脸识别设备;昆明、南昌、成都等地也已步入设备测试、调试阶段。

人脸识别支付以其技术先进、方便快捷、安全可靠等优点深受瞩目,也成为各城市轨道交通售检票系统智能化建设中格外重视的一项创新技术,一方面推动了轨道交通行业向着智能化方向发展,助力智慧城市建设;另一方面,为轨道交通运营企业带来了增值效益,也是继开通二维码乘车功能后,为广大乘客提供的又一项便民服务措施。

(1) 人脸识别在快速安检的应用

① 人包对应。
② VIP 票务安检一体通道。
③ 集中判图中心网络协同。
④ 智能识图。

⑤ 兼容多家安检设备平台。

（2）人脸识别技术在 AFC 的应用

① 乘客进行人脸和指静脉注册。

a. 加强人脸注册环节的验证，要求正脸、无遮挡等，实现自动检测。

b. 一个人有 2 张图片。

c. 注册以后要有一个测试确认的操作。

② 乘客人脸过闸。

a. 控制人脸角度。

b. 人脸动态更新。

c. 控制人脸识别距离。

d. 使用后端比对。

e. 分步实施。

③ 全场景人脸识别技术和设备。

智慧 AFC、门禁、智慧客服、安检，如图 2.1 所示。

智慧通道闸机

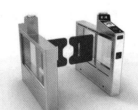
智慧边门短闸

智慧边门超短闸

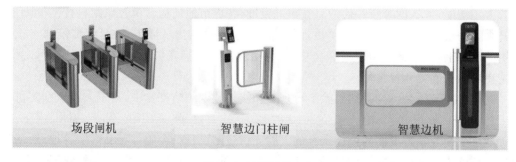
场段闸机　　智慧边门柱闸　　智慧边机

图 2.1　地铁智能设备

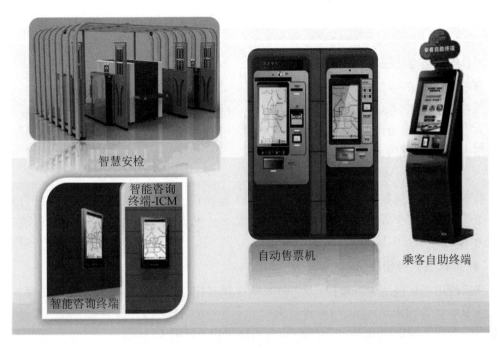

图 2.1 地铁智能设备(续)

3. 人脸+手机定位

公安部标准《安全防范人脸识别应用分类(GA/T 1470—2018)》,对人脸识别技术在不同场景下的应用方式做了相关的分类和说明,如表 2.1 所示。

表 2.1 人脸识别技术

	依据	应用方式
A	采集方式	A1 动态采集
		A2 静态采集
B	采集对象状态	B1 非配合
		B2 配合
C	对比方式	C1 确认(1∶1)
		C2 辨认(1∶N)
		C3 多对多比对(N∶M)
D	安全要求	D1 有人脸防伪
		D2 无人脸防伪
E	监管要求	E1 无值守
		E2 有值守

(1) 身份查证现场确认

典型应用场景包括银行柜台业务办理、社保实名认证、场馆安保管理等。采集对象需配合采集人脸图像,采用人脸确认比对方式识别,验证现场采集图像与持证人员是否为同一个人。根据安全等级需要，可无人脸防伪要求。按照人脸识别应用分类依据，该应用标记为 A2-B2-C1-D2-E2。

(2) 身份核验远程确认

典型应用场景包括银行、证券、网络远程开户，社保网络实名认证，远程教育考生认证，征信报告自助打印，ATM 机取款身份验证等。与身份查证现场确认的区别在于图像采集现场无人工监管，应有人脸防伪要求，确保系统不受假体人脸攻击。按照人脸识别应用分类依据，该应用标记为 A2-B2-C1-D1-E1。

(3) 配合式身份辨认

典型应用场景包括无卡门禁考勤等。采用人脸辨认方式识别，采集对象主动配合采集人脸图像。根据安全等级需要，可有人脸防伪要求。按照人脸识别应用分类依据，该应用标记为 A2-B2-C2-D1-E1。

(4) 非配合式身份辨认

典型应用场景包括追逃布控，黑名单人员视频监控，VIP 会员、客户识别迎宾服务等。采用人脸辨认方式识别，采图时采集对象处于不知情的非配合状态，这类应用一般对防伪无要求。按照人脸识别应用分类依据，该应用标记为 A1-B1-C2-E2。

(5) 批量的多比对

典型应用场景包括嫌疑人名单检索的多个人脸数据库的交叉比对等。输入一组图片数据与数据库中另一组图片数据交叉比对，返回相似度较高的图片对，供后续分析使用。按照人脸识别应用分类依据，该应用标记为 A2-B2-C3。

4. 交通一卡通

来自交通运输部数据，目前开通轨道交通的城市中仅武汉、东莞、乌鲁木齐、温州、呼和浩特 5 个城市尚未支持交通部全国一卡通，其余 31 个城市轨道交通均已实现交通部一卡通互联互通（图 2.2）。

图 2.2　交通一卡通

5. 地铁 App 互通

在跨城市互联互通支付这一方面来讲，长三角都市圈、成渝都市圈、京津都市圈已基本成型，地铁 App 互通统计如表 2.2 所示。

表 2.2 地铁 App 互通统计

地铁App	北京	上海	南京	苏州	杭州	宁波	无锡	青岛	合肥	福州	温州	兰州	常州	徐州	成都	重庆	呼和浩特	昆明	南昌	长春	郑州	天津
Metro大都会	√	√	√	√	√	√	√		√	√	√	√	√	√								
南京地铁		√	√		√																	
苏e行		√		√																	√	
杭州地铁		√	√		√	√	√		√		√	√	√	√								
宁波地铁		√	√			√			√		√	√	√	√								
码上行		√		√			√			√												
青岛地铁		√						√														
合肥轨道		√				√			√		√	√							√			
温州轨道		√			√	√			√		√	√										
兰州轨道		√					√			√		√		√								
常州地铁Metro		√			√									√								
徐州地铁		√	√																			
亿通行	√																					
青城地铁	√																√					
成都地铁															√	√						
渝畅行															√	√						
城轨易行			√	√						√			√					√	√	√	√	
鹭鹭行			√	√						√			√						√	√	√	
商易行			√	√						√									√	√	√	
长春e出行																			√	√		
天津地铁	√																					√

6. 视觉通行

通过计算机视觉监测闸机通行情况,如实将人、物相关信息提供给闸机控制单元,协助闸机控制单元实现计票、异常报警等功能。

其技术优势如下:

① 准确判断物体的类别:人或物体、成人或儿童、行李或轮椅、儿童车等。
② 准确判断人的身高、体型及物体的外形尺寸。
③ 准确判断乘客尾随行为,并排、间隔 5 cm 通行。
④ 准确判断闯闸行为,物体或儿童的闯入可排除。
⑤ 准确判断行人和行人的关系(如成人携带儿童)或行人和物体的关系。
⑥ 检测行人和物体的运动趋势,包含乘客的刷卡、刷码、投票动作。

2.2.2 智慧城轨

1. 安检票务一体化趋势

安检票务一体化主要包括建立基于乘客信用体系智慧安检新模式以及安检-检票一体化的新型快速安检检票设备。通过构建乘客信息管理平台,对乘客进行智能安检,通过高度集成安检票务体系,集合多元支付方式,对安检信息数据以及票务数据进行智能分析,实现乘客的快速精准辨识与无感通行。

2. 售票类设备发展趋势

少量兼容现金的设备集成在智慧客服中心、客服岛以解决使用现金的人群需求。

移动支付(包括数字人民币)和生物特征支付,现场购买多种类型票(如单程票、计次票、多日票、纪念票等),智能票务处理、智能信息问询等自助类设备会成为主流。

短期内实体单程票无法完全被电子化单程票取代,因此传统单程票处理模块仍然需要部分保留,和现金模块类似,仅保留极少部分。

构建轨交和商业生态,在轨交车站终端设备上也可跨界获取商业优惠信息、积分抵扣车费等功能,让设备不再专属于 AFC。

3. 检票类设备发展趋势

检票类设备发展趋势(图 2.3)为高度集成化、轻量化、占地更小以及提供更多通行通道。智慧化,如计算机视觉技术的广泛应用、人工智能技术的广泛应用,业务功能和人行通行控制分离,让支付验证和闸机通道一一对应成为过去,使业主更加关注业务功能的开发和控制;厂家更加关注通行控制的可靠性、设备的稳定性以及扩展性。

云端化的系统可以将开放设备运行数据接口给厂家,让智慧运维和厂家紧密联系在一起,减少业主运维成本的同时也让产品标准化和迭代更加精准。

安检和检票合二为一,结合综合信用评价体系大数据平台给实名乘客画像,让乘客出行更加人性化,结合疫情防控经验,构建精准防疫体系,让疫情常态化管控对人民的出行影响最小。

系统创新城市轨道交通企业运用互联网、大数据、物联网、云计算、人工智能、故障预测与健康管理等技术,在城市轨道交通智能维保领域进行探索,智能维保逐渐成为行业焦点。

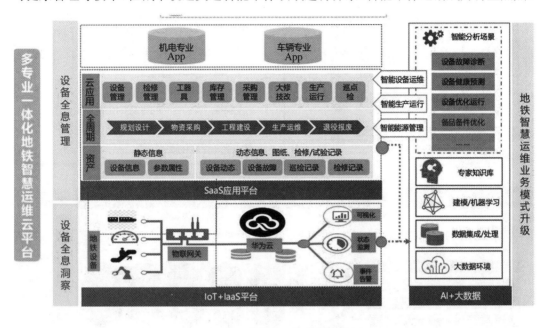

图 2.3 检票类设备发展趋势

4. 智能云

智能云系统,如图 2.4 所示。

5. 语音识别

为了实现智慧地铁的人机交互需求,同时也为了解决由于地铁线路复杂带来的部分乘客只知目的地不知道如何选择线路、地铁站的问题,需要能够提供一套语音模糊查询的解决方案。传统的语音识别只能简单的单词识别,如车站名、典型建筑物等。而在公众场所强噪音的环境下,要实现免唤醒语音交互以及多意图口语理解,面向公共空间真实复杂的场景提供自然语音交互体验。

① 机器主动询问:人在机器面前 1 m 范围内正面面向机器停留,自动开启语音购票模块;机器面前 1 m 范围内无人 5 s 以上,语音购票模块自动关闭。

② 自主人脸分析:具备检测摄像范围距离 1.5 m 内至少 4 张人脸,以及人脸朝向、个数、范围、嘴唇动作,当人脸出现后 300 ms 内完成全部检测。

③ 语音快速选站:自动识别普通话并提取用户语句中地铁站名信息,传递给售票系统。也可以选择其他语种。

④ 模糊地点搜索:自动识别普通话并提取用户语句中地点信息,支持通过地图查询附近地铁站,并提供地铁站出口、离最终目的地的距离、换乘路径等数据。模糊搜索能力需要覆盖到景点、地标、楼宇、小区和道路等各种地点名称。当有多个候选目的地时,提供多个目的地供用户选择。

语音识别系统趋势如图 2.5 所示。

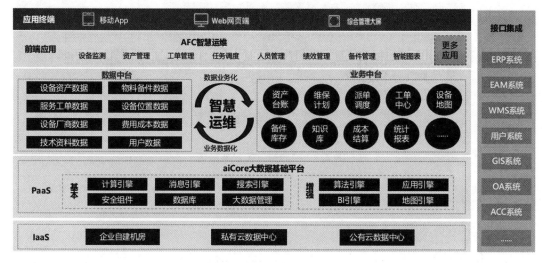

图 2.4　智能云

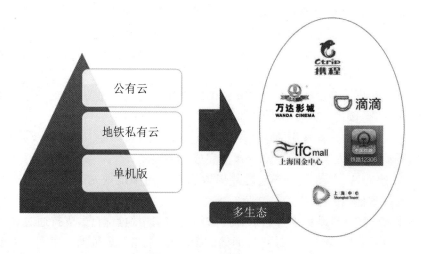

图 2.5　语音识别系统趋势

6. 视频对讲和远程操作

视频对讲和远程操作(图2.6)可以让站务人员有更多的时间走出票亭,在车站内进行巡查和服务,去主动地帮助乘客,同时也能及时响应乘客呼唤请求,实现面对面地交流,在乘客操作遇到困难时提供远程协助操作,帮助乘客解决问题。彻底地将站务人员从票亭中释放出来,实现集中或者是移动的客户服务,从而提高服务质量和服务效率。

① 视频调度系统:可以有效地发挥坐席工作站作用,可以提高呼叫应答效率;可以自由地实现固定坐席和车站移动坐席切换。

② 录播系统:可以把服务的视频、音频的信号进行整合同步录制,生成标准化的流媒体文件,用来考评服务质量及避免矛盾和纠纷。

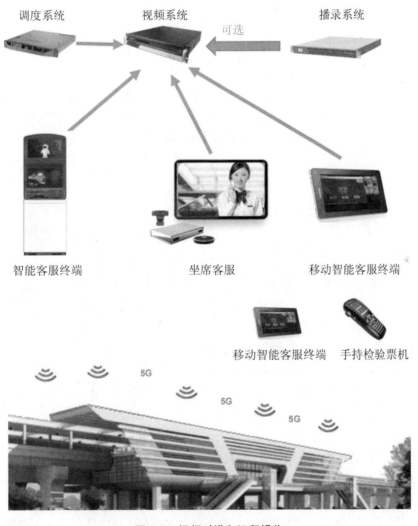

图2.6 视频对讲和远程操作

7. 视频子系统调度策略

视频子系统调度过程,如图2.7所示。

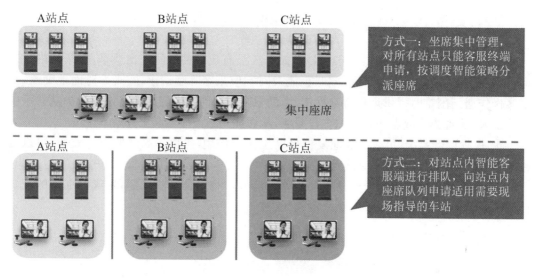

图 2.7 视频子系统调度策略

2.3 AFC 未来展望

2.3.1 AFC 系统技术现状

AFC 系统是利用现代信息技术手段,通过信息系统处理,进而实现售票、检票、查询、收费、计费等功能,这些功能全程都是设备运用信息技术进行处理,完全自动化,不需要人力资源。在功能方面,我们可以通过 AFC 系统进行城市地图的查找,为出行带来方便,此外部分外地人对于该城市较为陌生,不熟悉路线,可以通过 AFC 系统上的城市地图查找想要前往的目的地。AFC 系统通过购票所在地到目的地的距离计算出需要的费用,乘客可以通过银行卡、网上银行或其他软件进行付费。部分 AFC 设备还拥有查询 IC 卡费用和充值功能。AFC 系统还在不断地更新与提升中,相应的功能还在不断地优化。目前的售票收费模式主要分为以下几种:

(1) 智能 IC 卡

智能 IC 卡通常由电路芯片构成,拥有储存与消费功能,其独有的先进技术,能够对芯片内部进行加密处理。它还有独特的 CPU 系统,通过与电脑通信,识别卡上的 CPU 系统进行数据交换,进而实现收费的功能。此外这种卡有一定的安全性并可以大量储存信息,同时在一般情况下不会出现读写失败,也很少会出现数据传输失败问题。其拥有独特卡加密内置逻辑系统,通过校验码对 AFC 系统进行识别,并保护数据的安全。同时这种卡还有一定的抗干扰能力,不容易产生消磁等现象。因为内部芯片结构稳定,有 COS 系统进行保护,保护 CPU 系统不会被破坏,所以这种卡具有一定的安全性。CPU 卡也叫作智能卡,还具有计算数据能力,通过识别 AFC 系统进行数据的计算,执行命令的同时还能够保护数据。

目前智能 IC 卡通常有：一卡通、城市轨道交通卡、交通通用卡等。

(2) 二维码的识别

二维码识别消费是近几年流行的一种消费形式。用无数个二进制数字结合成几何图形，这种几何图形具有可读性，我们可以通过一些具有识别功能的软件或设备进行分析。二维码的安全性与加密算法有关，运用一些运算方式可以对二维码内部结构进行保护，想要破坏二维码结构不是一件容易的事。通常情况下，二维码技术比较适合一些小额费用的支付，如利用图片进行展示，让乘客通过设备扫码支付等。此外二维码的数据传输速度飞快，十分方便，解决了传统消费的一部分问题。同时二维码也有一定的弊端，其读写与设备相关，不能再次写入，导致内部的实时数据不能够完全记录，因此会产生消费数据丢失，不方便统计整体信息。

(3) NFC 技术系统

NFC 技术目前在全世界都有广泛的应用，其结合了先进的通信技术，通过射频手段进行有效工作，利用数据互通技术演变与芯片上的集成感应式读卡器通信。目前在门禁、电子支付、身份认证等方面都有出色表现。

2.3.2　AFC 系统发展的关键

AFC 系统符合城市信息化建设的发展方向，人们可以凭借一张卡享受公共交通、市政、金融、医疗、购物、园林等服务。但我们还要看到，无论是对于正在扩展线网的上海、广州、北京，或正在起步建设线网的深圳、杭州、南京等，以及正在策划 AFC 建设项目的城市，在系统建设时应把握以下几个方面。

(1) 系统的安全性应放在首位

系统安全是城市交通一卡通成功的关键，它关系到市民、乘客的切身利益，也关系到各营运方的经济收益。在系统设计时，必须把系统安全放在首位，建立一套严格的安全管理体系，制定一系列规范要求，从防范对卡的攻击、健全密钥管理体系、强化设备及网络安全等方面着手，全面保证系统的安全。密钥管理体系是系统安全的重要组成部分，由于系统对各运营商是开放的，要考虑各运营商的独立性和安全性，既要保证密钥的高安全性，又要方便相关运营商的加盟，以保证系统合理健康地发展。因此，城市一卡通必须具有统一的密钥管理标准和 IC 卡结构规范。

(2) 基于线网确定 AFC 系统功能

一般来说，城市轨道交通是网状线路，在修建每个城市轨道交通的 AFC 系统时，要对系统进行总体规划，确保系统稳定运行和可持续发展。AFC 系统在整个线网中是一个功能统一的大系统，应该以路网而不是以单条线路来确定系统的功能需求，必须把确定线网的票务政策放在首位，以尽可能完善的票务政策作为系统功能需求制定的基础，这将决定系统的规模、应用和投资。即使是刚刚起步建设第一条轨道交通线路的城市，也应该从线网角度来考虑功能需求，可预留部分功能和容量，切忌采取先建一个简单系统来满足现在需求、待日后再去完善的做法，以免造成很大的浪费。

在系统结构方面，要考虑到将来多应用系统的特点，在系统的可扩展性和兼容性方面，要考虑电子和计算机技术的更新周期以及信息量的增加；在现场设备选型方面，要有前瞻性以及人性化的乘客操作界面；在系统构成方面，可用区域中央计算机取代每条线路中央计算机，以提高管理和指挥的层次。

（3）协调推进城市公交大系统的健康发展

公交一卡通是城市一卡通的子系统之一，也应遵循建设部关于 IC 卡实行"统一规划、统一发卡、统一标准、一卡多用"的原则。IC 卡在"大公交"行业（包括公共汽车和轨道交通）应用较早，许多地方的条件已比较成熟，因此可以首先建立和完善城市"大公交"一卡通系统，同时考虑城市一卡通的兼容和进入条件，根据统一的原则和规范，再扩展到煤气、自来水、园林、小区物业管理的市政、购物等其他服务收费领域。

2.3.3 AFC 的发展趋势

随着轨道交通建设步伐的加快以及相关技术的不断进步，AFC 系统总的趋势是向标准化、简单化、集成化、提供决策分析依据等方向发展。

（1）标准化

AFC 系统直接面向旅客，人机操作界面的风格、设备界面的布局、提供给旅客的功能等将影响旅客对自动售票机和自动检票机的使用，因此 AFC 系统的标准化宜早不宜迟，包括操作界面的标准、系统接口的标准、设备的标准等，有利于 AFC 设备的采购，有利于规范旅客的操作习惯。

（2）简单化

AFC 系统是地铁、铁路部门为适应快节奏的社会生活提供给旅客的一种简便的购票和进出站通行工具，操作越简单、购票步骤越精简、检票过程越方便，越能体现 AFC 系统的优势，从而方便旅客乘坐铁路出行，简化客运车站的客流组织。

（3）集成化

客运专线路网的形成使自动售检票系统规模越来越大，同时综合性车站的发展趋势使得多种交通运输方式之间的关系越来越密切，互相兼容、联程优惠、跨系统结算等必然造成各种交通系统的集成度越来越高。建立统一、标准、跨平台、跨系统的自动售检票系统应用平台是未来自动售检票系统发展的必然方向。

（4）提供决策分析依据

提高信息利用率、增强系统的决策分析能力是 AFC 系统的发展方向之一，应强化系统的整理分析原始数据和信息的能力，把票务系统与线网的信息管理系统相结合，找出票务收益规律，为城市公共交通服务和管理提供及时、准确的决策分析意见，促进交通市场的营销推广。总之，随着 AFC 各项技术的发展和铁路自动售检票系统的推广应用，对管理的支撑作用也将越来越大。

技 术 训 练

1. 简述自动售检票系统的定义。
2. 简述 AFC 的新科技有哪些。

第3章 城市轨道交通自动检票机

3.1 自动检票机简介

3.1.1 自动检票机概述

1. 自动检票机概念

自动检票机通常称为闸机,即 AG(automatic gate),是实现乘客自助进出站检票交易(在非付费区和付费区之间通行)的设备,如图 3.1 所示。凡持有效车票的乘客,检票机通道阻挡解除(释放转杆、扇门开启),允许乘客进出站,阻挡并指示(声光提示)无效车票的乘客进行相应的处理。

图 3.1 自动检票机阵列

【知识链接】

自动检票机安装位置和使用环境及注意事项

(1) 自动检票机的安装位置:自动检票机安装于车站付费区与非付费区的交界处,用于实现自动的进出站检票。

(2) 自动检票机使用环境及注意事项:自动检票机应能适应地铁车站的强磁干扰、尘土、高温、振动等恶劣工作环境,具有防潮、防火、防酸的功能。但在使用过程中,闸机应远离水源;不要在高温、湿度大以及污染严重的地方使用和保存闸机。另外,还应该避免阳光、强光和热源的直射;不允许潮湿空气在闸机的表面结露,如果已经形成,在露水消失之前不打开闸机的电源;避免水或导电的物质(例如金属)进入闸机内部,特别是进入各种模块内部,一旦发生,应立即关闭电源。

2. 自动检票机种类

闸机一般被放置成闸机阵列,通过过桥互连电缆连接的两台相邻闸机构成进站或出站通道。通道的功能和方向由这两台闸机的种类和方向决定。进站检票机用于完成进站检票,检票端在非付费区;出站检票机用于完成出站检票,检票端在付费区;双向检票机既可完成进站检票也可完成出站检票,在非付费区和付费区可分别按进站和出站的处理规则完成检票功能,但不能同时完成进、出站检票功能;宽通道闸机一般用来满足残疾人和婴儿车或携带有大件物品的乘客进站或出站的需要。自动检票机种类如图3.2所示。

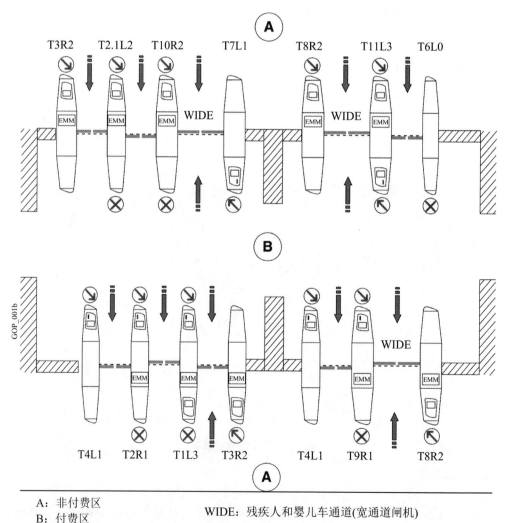

A: 非付费区
B: 付费区
WIDE: 残疾人和婴儿车通道(宽通道闸机)

图3.2 闸机种类(通道)图

3.1.2 自动检票机功能

自动检票机是基于满足乘客右手持票快速通过的原则进行设计的,即检票装置安置在乘客右手一侧,能够识别城市轨道交通专用车票和市政交通一卡通车票。自动检票机可自动读取乘客所持车票的相关信息,判断车票是否有效,并允许持有车票的乘客通过。经过处理的车票数据被发送至车站计算机系统。

自动检票机的主要功能如下:

① 自动对车票进行有效性检验,对有效车票进行相应处理后放行乘客,对无效车票拒绝放行。

② 对车票处理结果给出明确的提示信息。

③ 对通道的通行状态给出明确的指示。

④ 对特殊车票的使用给出明确的提示。

⑤ 对需要回收的车票执行回收操作。

⑥ 对各部件的工作状态进行自动监测,并向车站计算机系统上报工作状态。

⑦ 接收车站计算机系统下发的参数和控制命令,并执行相应的操作。

⑧ 接收紧急按钮信号并控制设备的操作。

⑨ 存储并上传交易信息,如进/出站客流记录、扣除车费记录、黑名单使用记录以及信息输出功能。

在具备上述功能的基础上,自动检票机还具有离线独立工作及数据保存能力。在与车站计算机系统通信中断时,检票机能保存多条交易数据及若干天的设备数据。在通信恢复时,检票机能将保存的交易数据及时上传给车站计算机系统。

自动检票机在突然掉电时,确保检票机能安全保存最后一笔交易记录及相关信息。

3.1.3 自动检票机交易处置流程

自动检票机交易处置流程主要分为进站和出站两个环节。

1. 进站

乘客必须购买智能卡或者车票,在非付费区进站通道右侧闸机刷卡区域上方出示票卡,验证票卡有效后扇门打开,乘客通过通道进入付费区。

2. 出站

乘客持智能票卡的操作与进站相同:在付费区出站通道右侧闸机刷卡区域上方出示票卡,验证票卡有效后扇门打开,乘客通过通道离开付费区。单程票必须放入入票口,然后验证票卡有效后扇门打开。

不论是进站,还是出站,闸机不接收无效票,而且投票口只对有效票打开。

乘客如果持有无效票(或者票卡上余额不足者)将不能出站。此类乘客必须到票亭的当班人员处支付超额费用(具体根据运营管理规定执行)。当票卡重新充值,乘客即可按照普通程序出站。闸机上的显示器能提供中英文帮助,指导乘客在这些情况下怎么做。只要票卡有效,闸机的扇门就会打开,允许乘客前往付费区或者非付费区。自动检票机交易处置流程如图 3.3 所示。

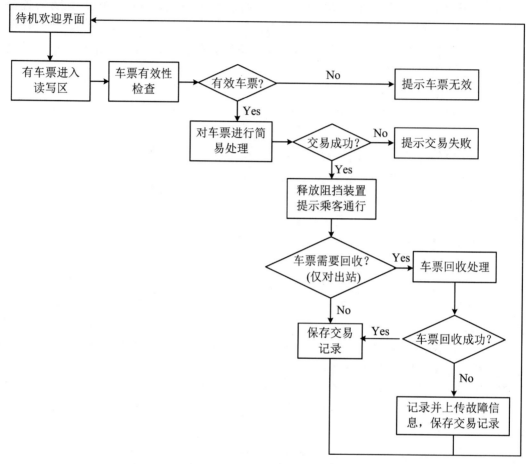

图 3.3　自动检票机交易处理流程

3.1.4　自动检票机界面显示描述

自动检票机在其上部和立面设置有多个面向乘客的显示界面,不同的界面表示的含义是不相同的,既有图例显示又有声光提醒。自动检票机界面显示描述如表 3.1 所示。

表 3.1　自动检票机界面

类型	示例（图例、声光）	功能或作用
乘客显示器		向乘客显示车票处理结果、设备运行模式、状态等提示信息
方向指示器		提示通道进出方向是否可用
警示灯		报警、无效票
员工票灯		使用员工票、临时卡时显示
优惠票灯		当乘客使用优惠类车票（如儿童票）时显示
刷卡指示灯		根据模式显示
语音提示	如："请进站！""请出站！"	乘客正确使用车票、正确过闸等语言提示信息

3.2　自动检票机主要部件

自动检票机一般包括主控单元（工控机）、读写器及天线、车票传送装置、车票回收装置、乘客显示器、方向指示灯、声光报警装置、通道阻挡装置（转杆式检票机采用转杆装置，门式检票机采用拍打扇门或剪式扇门）、乘客通行传感器（适用于门式检票机）、维修键盘、移动维护终端接口、电路控制单元、电源模块（含 UPS 或电池）、机身和支持软件等部件。

3.2.1　读写器及天线

进站检票机及出站检票机都装有一个储值票读写器（图 3.4）及天线（图 3.5），另外，出站检票机传输装置中还装有一个小天线的单程票读写器,用以完成薄型 IC 卡(单程票)回收时的读写操作;双向检票机具有进站和出站的所有读写器。

图 3.4　读写器

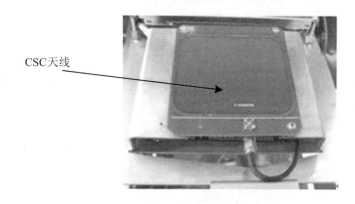

图 3.5　天线

读写器及天线负责交通卡和单程票中的数据通信和能量传输,将 IC 卡中数据通过读写器上传到工控机(读卡过程),由工控机对卡中数据进行判断后,把判断结果下发给读写器,由读写器通过天线对卡中数据信息进行修改(写卡过程)。自动检票机票卡读写流程如图 3.6～图 3.7 所示。

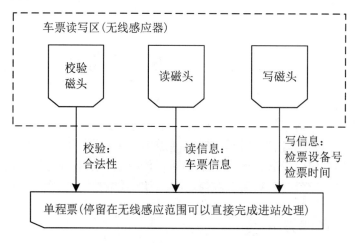

图 3.6　票卡出站读写流程

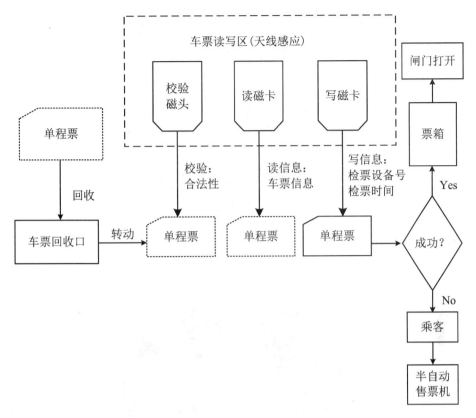

图 3.7　票卡进站读写流程

3.2.2　阻挡装置

根据阻挡装置的类型不同,自动检票机可分为三杆式检票机(图 3.8)、拍打门式检票机(图 3.9)和剪式扇门检票机(图 3.10),因此阻挡装置的方式分别对应为转杆阻挡装置、拍打门阻挡装置和扇形门阻挡装置。

图 3.8　三杆式检票机及转杆阻挡装置

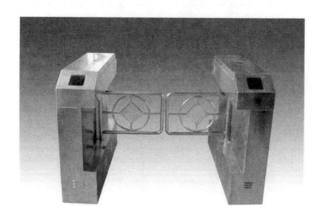

图 3.9 拍打门式检票机及拍打门阻挡装置

图 3.10 剪式扇门检票机及扇形门阻挡装置

扇形门装置是一种得到广泛应用的检票机阻挡装置。扇形门装置由扇形门、机械控制结构和控制板组成。当扇门需要动作时,控制板驱动电机,通过减速齿轮提供动力给转换器,在操作杆连接处产生动力,通过电磁铁传递运动,带动扇门运动,如图 3.11 所示。

图 3.11 扇形门阻挡装置内部结构

3.2.3 传感装置

传感装置包括通行传感器和高度传感器。

通行传感器能监控乘客通过自动检票机的整个过程以及监测通过自动检票机的人数,如图 3.12 所示。

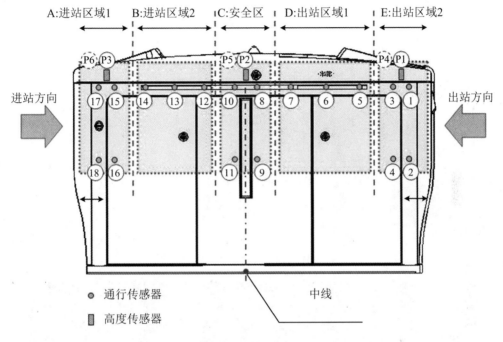

图 3.12　通行传感器

自动检票机上装有检测身高的反射型传感器,即高度传感器,用于检测通过的乘客是否是身高为 1.2~1.5 m(高度可调)以下的儿童,如图 3.13 所示。

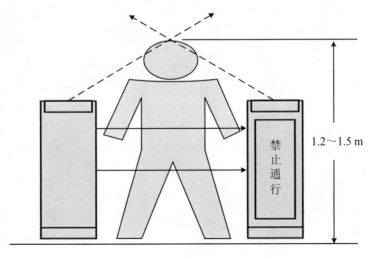

图 3.13　高度传感器

3.2.4 车票处理装置

车票处理装置是自动检票机的另一个关键部件,车票处理装置负责完成车票读写、传送及回收处理。车票处理装置(图3.14)主要包括两大部分:车票读写设备和车票传送装置(图3.15,由皮带、轮毂、转向器三部分组成)。车票处理装置通常配置两个票箱,并实时监控票箱的状态,在票箱未安装、票箱将满或票箱已满时向主控单元发送相关信息。

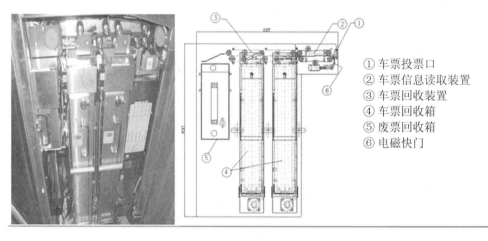

①车票投票口
②车票信息读取装置
③车票回收装置
④车票回收箱
⑤废票回收箱
⑥电磁快门

图3.14 车票处理装置

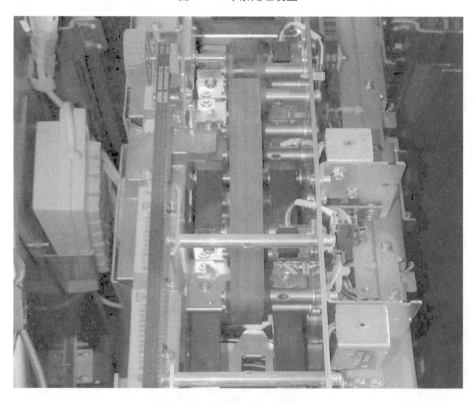

图3.15 车票传送装置

技 术 训 练

一、单选题

1. 在线路式架构中,每条运营线路建有一套独立的自动售检票系统,包括中央计算机系统、车站计算机系统、终端设备和(   )。
   A. 单程票卡　　　B. 车票媒介　　　C. AFC系统　　　D. TVM

2. 自动检票机根据阻挡装置的类型可以分为(   )。
   A. 三杆式检票机、扇门式检票机、拍打门式检票机
   B. 进站检票机、出站检票机、双向检票机
   C. 普通检票机、宽通道检票机
   D. 以上答案均错误

3. 目前我国城市轨道交通企业应用的移动互联网+AFC自助客服设备主要有(   )。
   A. Y(TVM)　　　B. Y(AG)　　　C. Y(BOM)　　　D. 以上答案均正确

二、填空题

1. 自动检票机根据通道宽度可分为_____、_____两种类型。
2. 自动检票机按功能可分为_____、_____和_____。
3. 本站进出闸按_____收取费用。

三、判断题

1. 在自动检票机界面中,乘客显示器的作用是提示通道进出方向是否可用。(   )
2. 在自动检票机侧向结构中,通行传感器只能够监控乘客通过自动检票机的整个过程而不能监测通过自动检票机的人数。(   )
3. 客运值班员负责安排员工进行AG票箱的更换工作,在AG票箱将满时,需更换AG票箱。(   )

四、综合题

1. 简述自动检票机的主要功能。
2. 简述自动检票机交易处置流程。

第4章 城市轨道交通自动售票机

4.1 自动售票机简介

4.1.1 自动售票机概述

自动售票机,即 TVM(ticket vending machine),设于车站非付费区,用于乘客自助式购买地铁单程票和对储值票进行充值,也可用于乘客自助查询车票。自动售票机可通过参数设置为接收硬币、纸币、二维码等支付方式,并可以纸硬币找零,如图 4.1 所示。

图 4.1 自动售票机

TVM 能提供每天 24 小时的运转,但乘客只能在车站每天开放的时候使用自动售票机。

  TVM通过以太网连接到一个本地网络，一个用于TVM配置、日志下载和监督的管理系统。

  TVM设计是连接到车站计算机SC的，接收SC的命令并上传数据。当和车站计算机的联系中断时，TVM能工作在一种单机模式下，将数据进行保存；当网络重新连接时，能自动和车站计算机连接并将数据上传。

【知识链接】

对话式自动售票机

  日本的很多地铁车站已投入使用对话式自动售票机。利用高技术中"声音识别"技术，制造出能识别旅客声音的装置，只要旅客拿起话筒，说出自己的目的地，这种装置就显示出离目的地最近的车站，旅客确认合适后，投入货币，即可买到车票，平均35秒购一张票。

4.1.2　自动售票机功能

  自动售票机的功能是使乘客能够自助操作完成地铁单程票售票作业和储值卡充值作业。自助售票作业包括购票选择、接收现金、出票、找零等过程。储值卡充值作业包括检验储值卡的有效性及合法性、接收现金、储值卡充值等过程。

  自动售票机的功能主要包括以下方面：

  ① 接收购票选择，并在购票过程中给出提示信息及操作指导。
  ② 接收现金、银联卡、移动支付等付费介质，自动完成识别。
  ③ 依据购票金额，对于投入的现金自动计算数量并自动找零；对于使用的银联卡、移动支付等付费介质，完成自动扣费。
  ④ 完成车票校验、车票赋值及出票。
  ⑤ 对各部件的工作状态进行自动监测。
  ⑥ 接收车站计算机系统下发的参数和控制命令，并执行相应的操作。
  ⑦ 对本机接收的现金及维护操作进行管理。
  ⑧ 存储并向车站计算机系统上报状态信息和交易数据。

4.1.3　自动售票机交易流程

1. 单程票购票流程

单程票的购票方式分为线路购票和票价购票两种形式。

(1) 线路购票

第一步，在售票系统的主界面上（图4.2），通过地图确认要前往的站点；

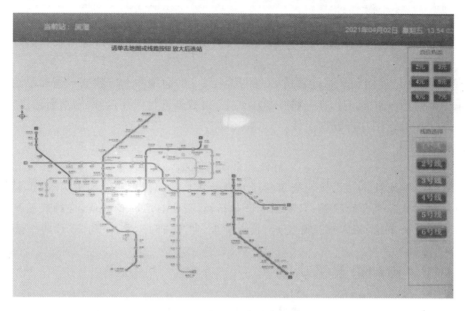

图 4.2　售票系统的主界面

第二步，点击要去的站点，跳转至购票的界面（图 4.3），选择购票张数，点击确认购票，系统提示投币；

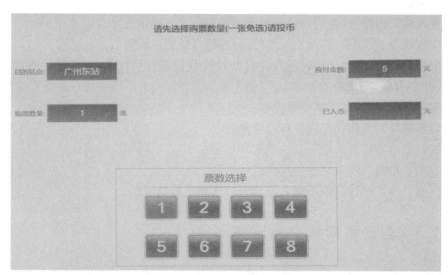

图 4.3　售票系统的购票界面

第三步，投入相应的钱数，跳转至出票窗口（图 4.4），车票和要找的钱币会掉出出票口，取走车票和钱币。

(2) 票价购票

在售票系统的主界面上，选择票价，然后跳转至票价购票的界面，投入相应的钱数，之后的操作流程与线路购票一致。

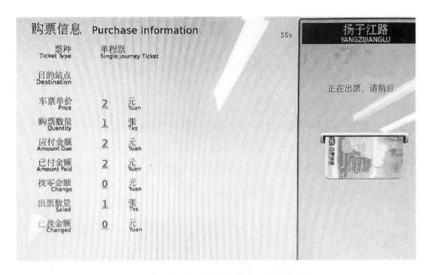

图 4.4　售票系统的取票或找零界面

2. 储值票充值流程

在自动售票机主界面上，点击"充值"按钮；将储值卡插入"储值卡插入口"；然后根据乘客显示器上的提示，将要充值的钱数放到纸币投入口；操作成功后，取回储值卡。乘客从开始充值至支付充值金额之前都可以取消交易，点击"取消"按钮或者一定时间内没有任何操作时返还插入的储值卡并返回初始界面。储值票充值流程如图 4.5 所示。

图 4.5　储值票充值流程

4.2 自动售票机主要部件

自动售票机一般由主控单元(也称工控机)、票卡发送装置、车票传送装置、钱币识别器、钱币找零器、IC车票读写器及天线、乘客显示器、触摸屏、运营状态显示器、维修面板/移动维护终端接口、电路控制单元、电源模块(含UPS或电池)、机身、支持软件等部件组成。其乘客操作界面如图4.6所示,模块布局如图4.7所示。

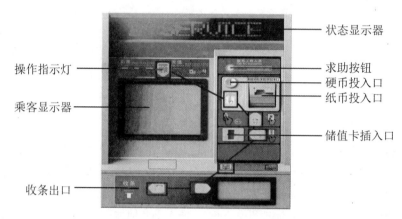

图4.6 自动售票机乘客操作界面

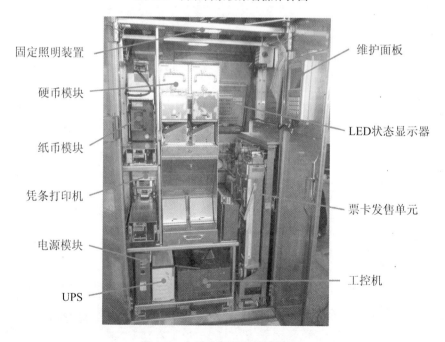

图4.7 自动售票机模块布局图

4.2.1 电子主控模块

电子主控模块主要由一个主控板、一个扩展板、一个内部电源、一个 SSD 和一个 CF 卡组成。这个模块起着控制整个 TVM 的作用,负责对各模块运行控制、完成车票处理、现金处理显示、数据通信、状态监控等,如图 4.8 所示。

图 4.8 工控机

电子主控模块采用 32 位高性能处理器,符合工业级应用标准,具有良好的抗电磁干扰性能,能保证整机全天 24 小时不停机的稳定运行,通过设备内配置的不间断电源,在失电的情况下能保证完成最后一次交易过程。

设备主控单元内置实时时钟维持当前日期及时间,其准确性为 ±1 秒/日。时钟在电池供电下工作,不需人工调整闰年、年尾、月尾及星期。

4.2.2 车票(单程票)发售模块

单程票(卡式车票)发售模块主要由以下几个部分组成:① 储票箱(两个);② 主机架及车票发送升架机构;③ 票卡分离单元;④ 车票传输及读写装置;⑤ 废票箱;⑥ 控制模块。

单程票发售模块通过刮刀将单程票刮出(上刮、下刮)进入传输通道,最终被写入编码,然后从 TVM 中发出。单程票发售模块如图 4.9 所示。

图 4.9 单程票发售模块

1. 单程票读写器

单程票读写器是单程票(卡式车票)整个发售模块的重要组成部分,与小天线板共同完成对单程票的读写操作,确保在单程票发售前已对其编码。单程票读写器如图 4.10 所示。

图 4.10 单程票读写器

2. 车票传送装置

车票传送装置用于完成车票暂存、车票选择、车票读写和选择车票路径的功能。一般通过安装于通道汇合处的电磁阀挡板，分步控制车票的运动。车票传送装置示意图如图4.11所示。

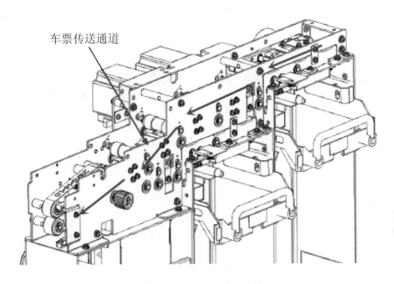

图 4.11 车票传送装置示意图

4.2.3 硬币处理模块

硬币处理模块（图4.12）主要由以下部件组成：硬币投币口、硬币识别模块、硬币暂存器、硬币循环找零器、硬币后备找零钱箱和硬币回收钱箱。

硬币处理模块支持硬币投入，具有硬币识别、原币返还及找零等功能。硬币处理模块和备用找零钱箱被分别安装在导轨上，方便操作及维护时将模块抽出。

所有找零器及钱箱都配有安全锁装置，用于防止无操作权限的人员触碰到钱款。其工作示意图如图4.13所示。

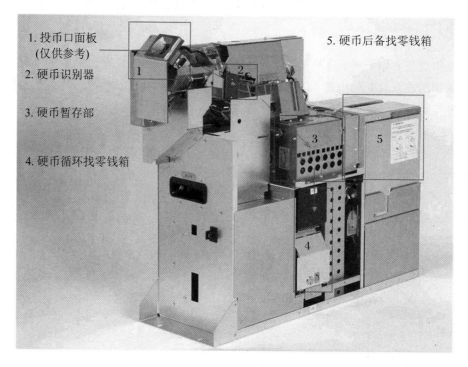

图 4.12 硬币处理模块

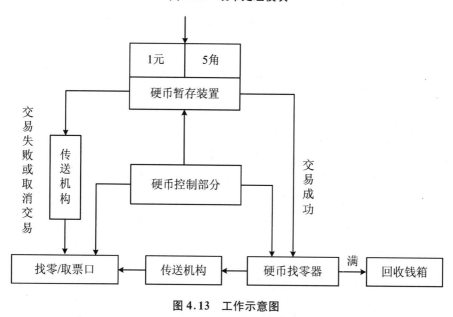

图 4.13 工作示意图

4.2.4 纸币处理模块

纸币处理模块主要由以下部件组成：纸币投币口、纸币识别模块、纸币暂存器、纸币循环找零器和纸币回收钱箱。纸币处理模块的核心部件是纸币循环找零器，因此纸币处理模块又称为纸币循环找零模块(图 4.14)。所谓纸币循环找零模块，是将传统的纸币识别模块、入钞模块、纸币钱箱和纸币找零模块有机集成为一体。从功能上看，该模块是将上一位乘客放入设备中的现金，通过循环技术直接参与到下一位乘客的找零过程中，以此循环。

当纸币通过入币口被送入识别器后，纸币传输装置将纸币输送到纸币识别模块，纸币识别模块将对纸币进行面额和防伪标记的识别，合法的纸币将被送入纸币暂存器，不合法的纸币（无法识别）将被退回给乘客。所有接收的纸币，都先存放于纸币暂存器上，再根据不同的情况选择存钞（确认交易）或退钞（取消交易）操作。目前，国内的自动售票机使用 20 元以下面额的纸币购买单程票，而 50 元及 100 元面额的纸币用于充值。所以，通过参数设定将接收的 20 元以上面额的纸币直接送入纸币回收钱箱，此箱内的纸币不能参与找零；对于其他小额纸币，分别存放于循环鼓上；循环鼓上的纸币，可根据指令用于找零；补币箱中的纸币，可以通过参数设置补币的张数及补币位置，在循环鼓容量不足时自动进行补币，当无循环鼓时，也可以直接用于找零。

图 4.14　纸币循环模块

当纸币钱箱从安装座上拆下时（即固定用安全锁打开时），钱箱入口将自动关闭，从而保证更换钱箱的工作人员无法直接接触到纸币。只有有操作权限的工作人员使用另一把钥匙才能将钱箱打开，清点回收的现金。

技 术 训 练

一、单选题

1. TVM 处于（　　）情况下，仍可为乘客提供服务。
   A. 无找零模式　　　　　B. 设备故障（纸币、硬币接收模块故障）
   C. 电源故障　　　　　　D. 显示屏黑屏

2. TVM 维护面板包含（　　）内容。
   A. 设备运营状态信息、设备时钟显示和设置、打印账单菜单或指令
   B. 设备运行版本信息、部件运行状态信息、设备部件测试菜单或指令
   C. 硬币清零菜单或指令、更换钱箱菜单或指令、设备关机、复位菜单或指令
   D. 以上答案均正确

3. TVM 现金处理设备按照功能划分可分为（　　）两大类。
   A. 纸币识别、硬币找零　　B. 硬币识别、纸币找零
   C. 现金识别、现金找零　　D. 纸币识别、纸币找零

二、填空题

1. 通过自动售票机自助购买单程票有两种方式：一是按_____购票，二是按_____购票。

2. TVM 的主要功能有：自动发售单程票并对_____进行充值。

3. TVM 维护面板的作用是提供_____对设备进行维护、故障诊断及参数设置等操作。

三、判断题

1. TVM乘客显示器是自动售票机人机界面操作的普通部件,乘客根据显示器提示界面,通过加装在乘客显示器上的触摸屏选择进行购票操作。（　　）

2. 乘客在使用TVM购票过程中,乘客显示器能显示乘客所选择的目的地车站、票种、单价、张数、付费总金额、已投币金额等信息。（　　）

3. 车票传送装置用于完成车票暂存、车票选择和选择车票路径的功能,不具有车票读写的功能。（　　）

四、综合题

1. 简述自动售票机的主要功能。
2. 简述纸币循环找零模块的工作流程。

第 5 章　城市轨道交通半自动售(补)票机

5.1　半自动售(补)票机简介

5.1.1　半自动售(补)票机概述

半自动售(补)票机,即 BOM(booking office machine),通常安装在售(补)票房或车站服务中心内,采用人工方式完成票务处理、车票发售、加值、车票分析、退票及其他票务服务,因此 BOM 机又称为人工售/补票机,如图 5.1 所示。

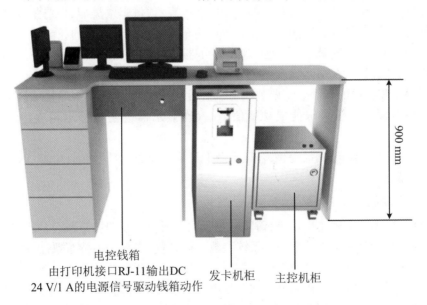

图 5.1　半自动售票机

根据应用需求,可将功能分离设置成单独的半自动售票机或半自动补票机,也可设置成具有半自动售票和补票功能结合的设备。

功能单一的半自动售票机应设置在非付费区,而半自动补票机则设置在付费区内服务。功能结合的 BOM 可以同时为非付费区与付费区服务,但需对两个区域分别设置单独的乘客显示器,适应处理不同区域乘客票务。

5.1.2 半自动售(补)票机功能

BOM 的主要功能包括:售票、补票、充值、更新、替换、退款、记名车票申请、车票挂失、车票分析、车票查询、审核、报表、打印、操作员操作等功能。BOM 通过网络与 SC 连接,可以接收 SC 下达的各种参数和指令,也可以向 SC 上传各种数据。对于其他行业收费系统车票处理方法将按照相关规则进行。

1. 售票与补票

(1) 售票功能

BOM 可按系统设置的票价表、购买金额、优惠制度、押金等系统参数出售乘客使用的车票。所能出售的车票种类由系统参数设置。按系统设置发售已初始化但未赋值的车票,如单程票等。

BOM 在对车票赋值前,对车票进行有效性检查,同时检查车票的类型是否为需赋值车票类型。在对车票进行赋值时,将有关的赋值编码信息写入车票,但不能修改车票的初始化数据。在赋值后对写入数据进行校验。如果连续出现编码校验错误的次数达到参数设置次数,设备将暂停服务并将该信息上传到车站计算机和中央计算机。

BOM 能发售已赋值车票,如纪念票、公共交通卡等,发售时能记录所发车票的编号及张数。在发售完毕后,半自动售票机可打印以下内容:预付车票类型、售票张数、售票日期、票有效期、操作员工号等。这些收据最后将作为车站操作人员上交的凭证。

BOM 在整个售票过程中,将通过乘客显示器和操作员显示器给乘客和操作员以明确的信息提示。赋值前,在乘客显示器上显示需赋值的车票类型,在操作显示器上显示需赋值的车票类型和将赋值金额。车票被成功赋值后,在操作显示器及乘客显示器上显示车票的实际赋值金额。若车票未能成功赋值,在操作显示器上明确显示相应信息并发出提示音。

赋值过程中在操作显示器及乘客显示器上显示各应收单项及合计金额、收取金额及应找金额等信息。

(2) 补票功能

BOM 可对无票乘客的出站进行补票,在收取补票金额及罚款金额后,发售出站票让乘客检票出站,补票金额及罚款金额由系统参数进行设置;当乘客手持车票已损坏(包括票内部分数据丢失无法进行更新)而无法出站时,BOM 在收取补票金额及罚款金额后,发售出站票让乘客检票出站,补票金额及罚款金额由系统参数进行设置。对于不同的出站补票情况,BOM 均记录在案,同时将信息上传至车站计算机。在补票过程中,操作显示器和乘客显示器给操作员、乘客提供必要的信息显示,如补票原因、应补票值、罚款金额、实收金额、应找金额等。根据需要可打印补票收据。

2. 充值与退票

(1) 充值功能

BOM 具有充值功能,它可以对地铁发行的储值类车票进行充值。BOM 对城市其他行业收费系统(如合肥通)车票的充值操作必须根据轨道交通公司与其他行业收费系统的相关规定取得授权认证和充值密钥,通过认证才能操作。与充值相关的参数有可充值的票种、充值上/下限等,所有参数必须由 ACC 下发到半自动售票机,并与中心保持一致。

对于金额类的储值票,操作员可以选择由系统参数设置的金额或手工输入需充值的金额。对于计次类车票只可选择由系统参数设定的金额。

在对车票进行充值前,对车票进行分析,如符合以下条件则可充值。

① 车票分析正常,余值未达到参数设置的上限或乘次用完。
② 车票为参数设置的允许充值类型。
③ 车票欠费或余值不足(余额即为补足欠款后的金额)。
④ 车票无效但可进行更新。

BOM 在进行充值处理时,只作相应内容的更新处理,如在车票上写入相应的充值编码、额度信息等,不修改车票的其他信息。

充值前在操作显示器及乘客显示器显示余值及已充值金额,充值后在操作显示器及乘客显示器显示车票的新余值。若充值处理失败,应在操作显示器显示失败信息并发出声音提示。

(2) 退票功能

操作员可以通过 BOM 进行车票退款处理,其退款处理方式将根据车票是否被损坏而不同。BOM 可根据系统设置、结合操作人员的选择,为退款工作收取手续费,并可根据车票损坏情况完全或部分扣除车票押金。

5.2 半自动售(补)票机主要部件

BOM 主要包括主控单元、触摸屏、乘客显示器、运行状态显示器、IC 车票读写器及天线、纸币处理单元、纸币找零模块、硬币处理单元、票卡发送装置及控制单元、维护面板/移动维护终端接口、打印机、电源模块及机壳等部件,如图 5.2 所示。

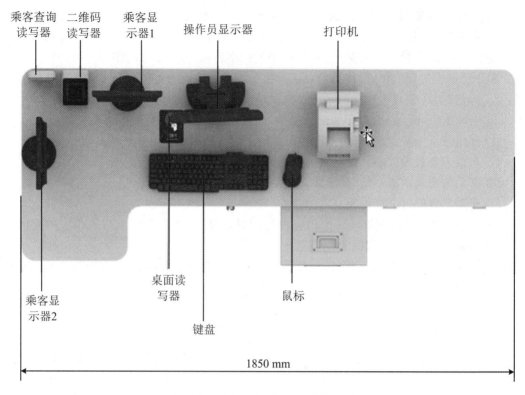

图 5.2 半自动售(补)票机主要部件

5.2.1 主控单元

主控单元一般选用高可靠性工业级计算机设备,也可以选用高档的商用计算机,需要具备丰富的外部接口以支持外部设备的连接,并需要保留部分接口以支持未来设备的扩展。

5.2.2 操作员显示器

操作员显示器为操作员提供人机对话的界面显示,触摸技术为投射式电容(PCAP)触摸技术,双层玻璃解决方案(2GS)提供优质的光学清晰度、高触摸耐久性和超温下的长期稳定性。

5.2.3 乘客显示器

服务于乘客的窗口应安装乘客显示器供乘客查看有关车票分析及现金信息。乘客显示器应能显示中英文及数字。乘客显示器应与 BOM 分离安装,每台 BOM 可扩充安装 2 台乘客显示器。用于售票和补票的 BOM 安装服务于非付费区和付费区的乘客显示器。

由于显示器的使用频率高,应提供耐用、防冲击、可靠性能高的成熟产品,且为供货时的主流产品。对其进行维修或更换时,应不需要做任何的调整。如图 5.3 所示。

图 5.3　乘客显示器

5.2.4　键盘、鼠标

键盘是用于操作计算机设备运行的一种指令和数据输入装置,也指经过系统安排操作一台机器或设备的一组功能键(如打字机、电脑键盘)。

键盘是最常用也是最主要的输入设备,通过键盘可以将英文字母、数字、标点符号等输入到计算机中,从而向计算机发出命令、输入数据等。此外还有一些带有各种快捷键的键盘。随着时间的推移,市场上也出现了独立的具有各种快捷功能的产品单独出售,并带有专用的驱动和设定软件,在兼容机上也能实现个性化的操作。

鼠标是计算机的一种外接输入设备,也是计算机显示系统纵横坐标定位的指示器,因形似老鼠而得名(港台称滑鼠),其标准称呼应该是鼠标器,英文名 mouse。鼠标的使用是为了使计算机的操作更加简便快捷,用来代替键盘繁琐的指令。

5.2.5　车票处理模块

车票处理模块由对车票进行读写的票卡读写器和用于发售车票的处理模块组成,如图 5.4 所示。

5.2.6　打印机

打印机具有票据打印功能,在办理各车票处理业务后,可根据参数设置打印相应的处理凭证。其中充值业务、收益管理类业务应打印相应的处理凭证,其他业务可选择是否打印处理凭证,还可根据参数设置,在轮班结束时打印本次轮班或本日的轮班统计等各种报表。此外,打印机具备打印多联票据功能。如图 5.5 所示。

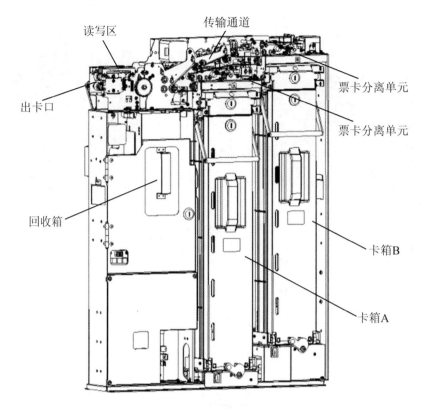

图 5.4　车票处理模块

图 5.5　打印机

5.2.7　桌面读写器

桌面读写器提供高级应用程序编程接口,应有良好的扩展性和兼容性,能支持读写 ISO 14443 Type A 和 B 的卡。读写器应采用 32 位 CPU、嵌入式操作系统。FLASH 与内存应有足够的容量,用以运行操作系统、应用程序和保存与票卡有关的 EOD 参数。车票读写器应具备与安全认证模块(SAM)之间的数据传输接口和能力,满足一卡通和一票通密钥安全模块的使用要求。读写器至少应有8个SAM扩展插槽,可执行充值、消费等卡读写相关操作流程和要求。读写器和车票应具有良好匹配的天线品质因素和工作频率,保证所持非接触车票以任何角度、任何划动速度进入有效读写区域,均可完成可靠、高效、安全的读写操作。

5.3 半自动售(补)票机车票分析

5.3.1 半自动售(补)票机登录

操作员在操作BOM之前需要使用自己的用户名和口令登录,并且权限不同,所能够使用的功能不同。当同一个账户登录失败三次后,则发送报警信息至SC。

操作员当班结束后,需要通过签退来进行一个班次的结束。签退后,BOM将结束一次班次,生成相应班次数据并上传SC,同时可打印相应报表。如图5.6所示。

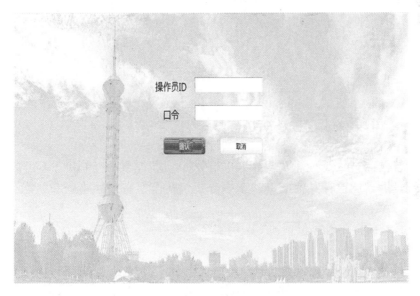

图5.6　BOM操作员登录界面

5.3.2 车票有效性分析

BOM应可以对车票的有效性进行分析,BOM对车票的分析应与自动检票机(AG)保持一致。有效性分析的内容主要包括:安全性检查、合法性检查、状态检查、黑名单检查、使用地点检查、余值/乘次检查、有效期检查、进出次序检查、超乘检查、超时检查、更新信息检查等。

车票分析的项目应根据乘客所处位置、票种的不同进行不同分析,应由系统参数设置。各种车票无效的原因应统一赋予不同的代码。在完成对车票的分析后,BOM应可以根据分析结果对车票做进一步的处理,如修复、充值、替换、退款等。如图 5.7 所示。

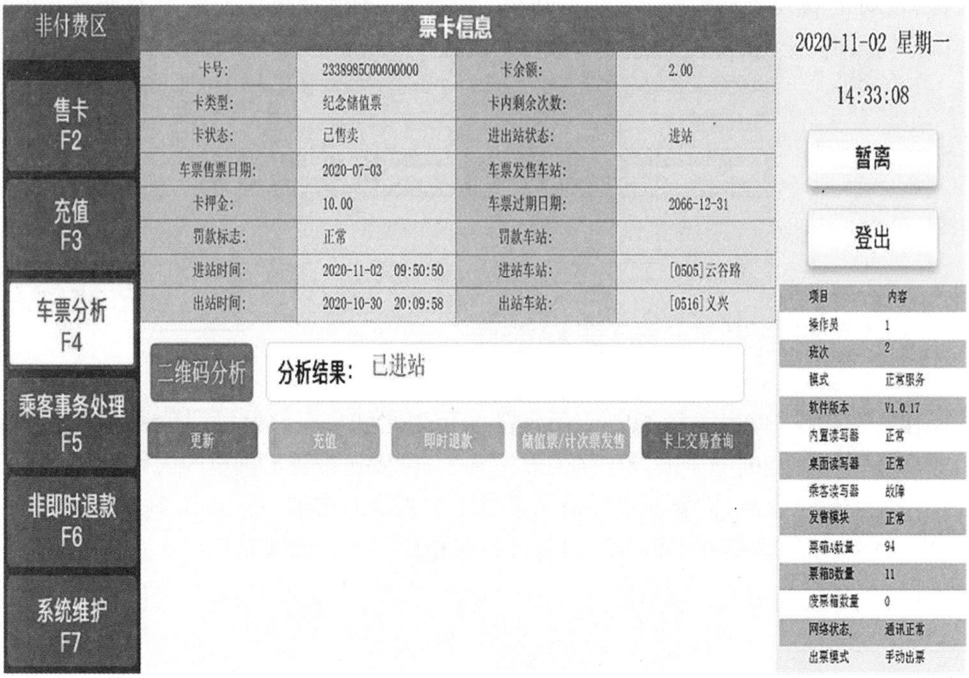

图 5.7　车票有效性分析

5.3.3　车票无效性分析

BOM 在进行票务处理之前先对车票进行分析,如果车票的当前状态不正常,则必须先进行更新处理后才能执行其他交易。车票分析包括车票有效性检查和状态分析两部分工作。

有效性检查的主要内容包括:① 密钥安全性检查;② 黑名单检查;③ 票种合法性检查;④ 车票状态检查。

状态分析的内容包括:① 使用地点检查;② 余值检查;③ 有效期(使用时间)检查;④ 进/出站次序检查等。

技 术 训 练

1. 简述半自动售(补)票机的主要功能。
2. 在车票充值前对车票进行分析,并简述符合哪些条件均可充值。
3. 简述半自动售(补)票机由哪几个重要部件模块组成。
4. 简述读写器通常采用什么操作系统,以及至少应有几个 SAM 扩展插槽。
5. 简述车票有效性分析主要包括哪些内容。

第6章 城市轨道交通车站计算机系统

6.1 车站计算机系统简介

6.1.1 车站计算机系统概述

车站计算机系统(SC)是 AFC 系统中的重要组成部分,是自动售检票系统(AFC 系统)的核心部分,是直接控制终端设备最基本的管理单元。在整个 AFC 系统中,SC 负责对车站系统运营中的各设备进行监视和控制,并下发所需要的指令和参数;设置设备的自动运营开始时间、运营结束时间及运营日结时间;具有相应权限的操作员能够设置车站的系统模式或紧急模式;同时负责客流监控、运营日志查看、运营日结时的各种报表数据的统计生成等;能够接收线路中央计算机系统(LC)下达的命令及参数并执行,汇报系统运营情况。

6.1.2 车站计算机系统功能

SC 为车站 AFC 系统的核心部分,可对本车站内部的所有设备进行实时监控,实现对车站 AFC 系统运营、票务、收益及维修的集中管理功能。SC 可收集、处理车站内各类数据,并上传到 LC;接收 LC 下传的各类系统参数,并下载到各车站设备;可接收 LC 下达系统各类指令,并下传到各车站设备,同时可根据需要自行向车站设备下达控制指令,并将该操作记录上传到 LC。

1. 设备监控

车站各种终端设备是系统的最终执行者,直接与乘客接触并完成售检票任务,因此对车站设备的实时监视十分重要,操作员必须能够实时了解每一刻、每一设备的状态,包括设备运行状态是否正常,如果出现了故障要立即能够得到通知,以便在最短的时间内做出处理。

(1) 设备监控界面

在车站监控主界面会显示当前车站所有终端设备的实时状态,绿色表示设备正常服务,黄色表示设备发出警告,红色表示设备发出报警,蓝色表示设备暂停服务,灰色表示设备离线。单击目标设备可以查看设备各模块的详细信息。如图 6.1 所示。

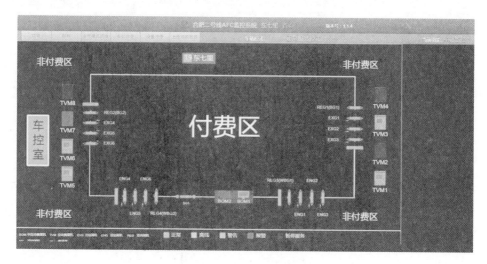

图 6.1　设备监控界面

(2) TVM 状态详细信息

如图 6.2 所示。

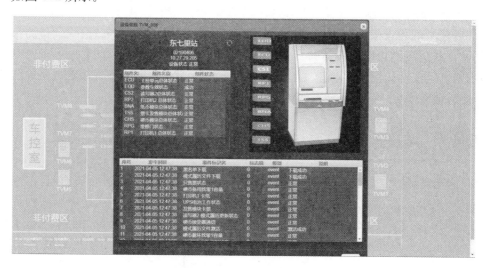

图 6.2　TVM 状态信息

① 标题区域:列出界面名称、设备逻辑编号。
② 设备信息区域:显示车站的名称、设备 ID、设备总体状态。
③ 部件综合状态信息区域:显示设备部件名称及综合状态。
④ 设备图示区域:显示设备的图示、部件位置,并用颜色动态显示部件状态。
⑤ 设备事件信息区域:显示设备上报的事件详细信息。
⑥ 事件信息:左下角为设备事件信息区域,以表格形式显示了 TVM 上传的所有事件信息,如序号、发生时间、事件标记名、事件标志值、事件级别、事件说明。设备事件信息表格的左下角有刷新按钮,可执行刷新功能。

AGM 及 BOM 状态详细信息界面与之同理。

(3) AGM 状态详细信息

如图 6.3 所示。

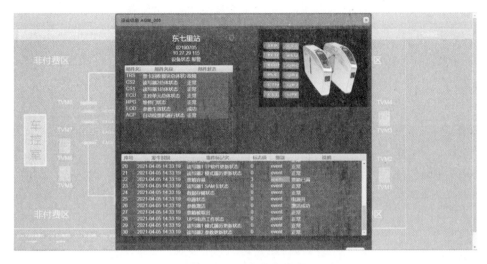

图 6.3　AGM 状态信息

(4) BOM 状态详细信息

如图 6.4 所示。

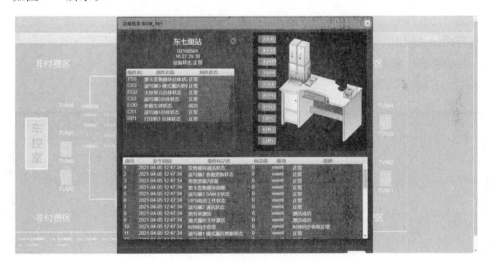

图 6.4　BOM 状态信息

2. 设备控制

设备控制命令的作用主要是对车站终端设备进行相应的控制,包括开始运营、结束运营、开始服务、结束服务等运营模式控制命令,和对特定终端设备的工作模式命令,包括拒收硬币状态、拒收纸币状态、通道方向命令等。如图 6.5 所示。

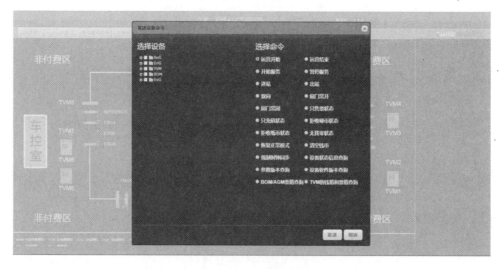

图 6.5　设备控制界面

3．客流监控

客流监控是对车站当前的客流进行实时监测，可以选择监控的范围和时间，达到监测各种类型的客流情况。这种检测刷新的速度很快，可以及时了解当前站内的客流压力，在客流突然增加造成或可能造成乘客在站内滞留的情况下能够及时地采取适当的措施。监测的客流可通过图形化的界面直观地表示出来。主要的监测内容包括车站累计客流量、车站分时客流量、单程票售卖笔数及进出站对比。

(1) 车站累计客流量

如图 6.6 所示。

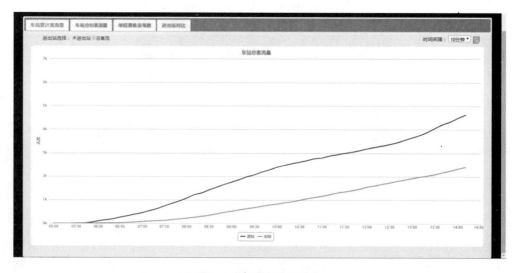

图 6.6　车站累计客流量

(2) 车站分时客流量

如图 6.7 所示。

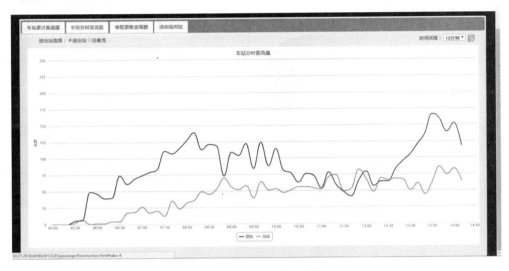

图 6.7　车站分时客流量

(3) 单程票售卖笔数

如图 6.8 所示。

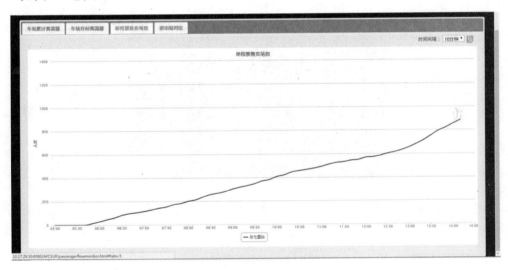

图 6.8　单程票售卖笔数

(4) 进出站对比

如图 6.9 所示。

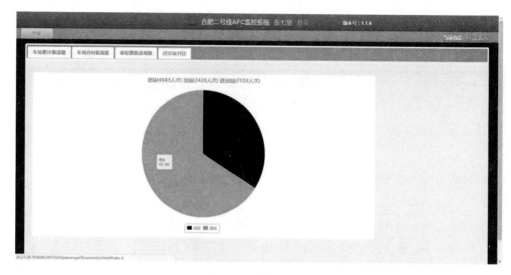

图 6.9　进出站对比

4. 车站运营模式

车站运营模式包括正常运营模式和降级运营模式,如图 6.10 所示。

图 6.10　车站运营模式

降级运营模式包括:进站免检、出站免检、时间免检、日期免检、车费免检、列车故障模式。点击发送后弹出确认界面,输入正确的用户名、密码后,模式切换命令将发送到全站的终端设备。

5. 紧急释放

当车站出现紧急情况需要疏散乘客时,可以通过车站计算机系统向终端设备发送紧急释放命令,通过软件命令的方式使车站进入紧急释放模式,如图 6.11 所示。进入紧急释放模式后车站所有的闸机扇门会全部打开,允许乘客自由出入以便及时疏散乘客,保护乘客的安全。

点击车站监控界面的"车站命令"按钮,进入发送车站命令的菜单。选择需要发送的命令。点击发送后弹出确认界面,输入正确的用户名、密码后,车站命令将发送到全站的终端设备。

图 6.11　紧急释放命令

6. 交易数据管理

设备交易数据是指 AGM、BOM、TVM 中对于车票的赋值、发售、加值、扣值、进出站、更新、替换、退款、行政收费等各种交易类型的数据,每种交易数据都有详细的交易记录。车站计算机系统可以查询本站 30 天内的交易数据。数据查询包括一卡通查询和一票通查询。

(1) 一卡通查询界面

一卡通指轨道公司自主发行的员工卡、外服卡、单程票、储值票、计次票、纪念票、本站进出卡等。

一卡通查询可以设置时间、物理卡号、车站、设备、交易类型、票种类型、设备类型等索引条件进行分类查询,如图 6.12 所示。

(2) 一票通查询界面

一票通指非轨道公司发行的实体票卡,包括合肥通市民卡、银联 IC 卡、住建部保障卡、交通部一卡通等。

一票通查询可以设置时间、物理卡号、设备、交易类型、票种类型、设备类型等索引条件进行分类查询,如图 6.13 所示。

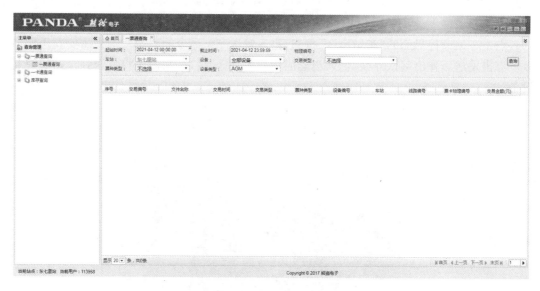

图 6.12　一卡通查询

图 6.13　一票通查询

7. 参数管理

AFC 设备参数主要包括 ACC_EOD 参数、黑名单参数、TP 参数、模式履历参数、操作员参数、软件版本参数等，如图 6.14 所示。

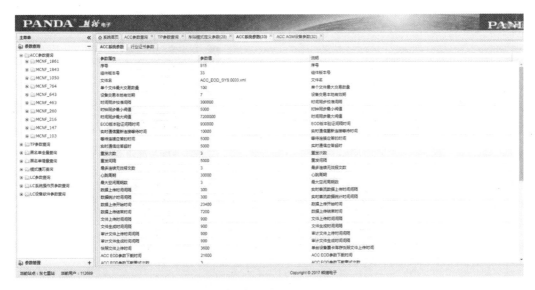

图 6.14　参数管理界面

6.2　车站计算机系统组成

车站计算机系统包括车站终端设备、车站服务器、监控工作站、票务工作站、车站二层交换机、车站三层交换机、紧急释放模块、UPS 不间断电源和打印机,如图 6.15 所示。

车站服务器和三层交换机部署在车站设备室的机柜内,监控工作站部署在车站控制室内,票务工作站部署在票务室内。打印机分别部署在车站控制室和票务室。

车站终端设备通过车站二层交换机构成环形网络和车站三层交换机相连。车站服务器、监控工作站、票务工作站和打印机连接到三层交换机上,构成车站局域网。

车站服务器:设置于车站 AFC 主机设备室的机柜内,为无人值守。

监控工作站:设置于车站控制室内,是 SC 的运营、监控管理终端。

票务工作站:设置于车站票务室内,是 SC 的票务、收益管理终端。

维修工作站:设置于线路部分车站内,是 SC 的运营、维修管理终端。

紧急释放模块:设置于车控室 IBP 盘内或 AFC 设备室网络机柜内。接收 FAS(火灾报警)、ISCS(综合监控)专业的紧急释放信号,实现紧急情况下闸机的紧急释放。

不间断电源(UPS):设置于 AFC 设备室内。UPS 将输入的市电经整流和逆变稳压后为 SC 服务器提供稳定的电源。在市电断电情况下,可为 SC 提供临时电源,保护 SC 的供电不会中断。

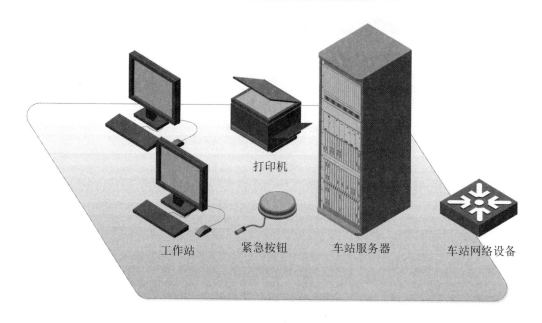

图 6.15 车站计算机系统

6.2.1 服务器

SC 服务器设置在设备室的网络机柜内,主要实现数据的接收、处理与上传,提供本站的时钟同步等,如图 6.16、图 6.17 所示。服务器的主要构成有:

① 计算模块:主要包含主板、CPU、内存条,是服务器处理指令、执行操作、处理数据的核心模块。

② 存储模块:配备 2 块 300 G 的硬盘,用来存储服务器的软件及数据。

③ I/O 模块:提供 USB、VGA、RJ45、RS232 等各类输入输出接口,外接显示屏、鼠标键盘等设备,方便维护人员对服务器进行维护。

④ 电源模块:配备一主一备两组电源,当一组电源故障时可自动切换到另一组电源,保障服务器的供电。

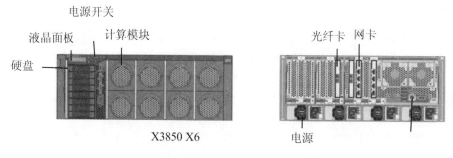

图 6.16 服务器

电源指示灯绿色，开机：常亮，关机：闪烁

导航指示灯蓝色，需点亮

日志指示灯黄色

故障指示灯黄色

信息面板

图 6.17　服务器液晶面板

6.2.2　交换机

交换机包括二层交换机和三层交换机，是车站计算机系统的网络设备，车站终端设备通过车站二层交换机构成环形网络，和车站三层交换机相连。车站服务器、监控工作站、票务工作站和打印机连接到三层交换机上，构成车站局域网。

二层交换机工作在 OSI 网络模型的第二层（数据链路层），故而称为二层交换机，如图 6.18 所示。二层交换机属于数据链路层设备，可以识别数据帧中的 MAC 地址信息，根据 MAC 地址进行转发，并将这些 MAC 地址与对应端口记录在自己内部的一个 MAC 地址表中。

三层交换机就是具有部分路由功能的交换机，工作在 OSI 网络模型的第三层（网络层）。可以将网

图 6.18　二层交换机

络划分成多个 VLAN（虚拟局域网），如图 6.19 所示，而不同 VLAN 之间的访问需要通过三层交换机的路由来实现，以此达到划分、管理不同网络设备的功能。

图 6.19　三层交换机

6.2.3 紧急释放模块

紧急释放模块接收 FAS(火灾报警)、ISCS(综合监控)专业的紧急释放信号,实现紧急情况下闸机的紧急释放,如图 6.20 所示。

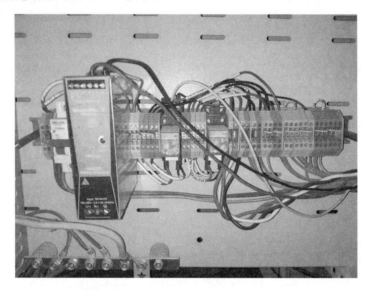

图 6.20 紧急释放模块

6.2.4 UPS

UPS(不间断电源)将输入的市电经稳压、整流和逆变后为 SC 服务器提供稳定的电源。在市电断电的情况下,可为 SC 提供临时电源,保护 SC 的供电不会中断,如图 6.21、图 6.22 所示。

1. UPS 的组成

① 整流器:起整流、滤波、交直流变换的作用。一方面滤除、隔离市电对 UPS 系统的干扰,另一方面也避免 UPS 内部的高频开关信号"污染"市电。

② 逆变器:起到将直流电升压并转换为交流电的作用。

③ 数字侦测模块:接收输入电源状态、电池状态、输出电源状态的反馈,起到监控 UPS 负载的作用。当监控到正常市电出现异常和超载时,UPS 自动切换到电池模式或静态旁路模式。

④ 电池转换模块:在市电正常时,对输入电源降压并提供给电池组进行输入充电;在电池模式下,电池组通过电池转换模块转换成输出状态提供给逆变器。

⑤ 由于在线式 UPS 的市电和用电设备是隔离的,市电不会直接供电给用电设备,而是通过 UPS 的交-直-交的转换过程,一边为电池充电,一边供电给用电设备。当市电供电品质不稳或停电时,电池通过逆变将直流电转化为交流电。在市电模式下整流器一直处于工作状态。

图 6.21 UPS 主机

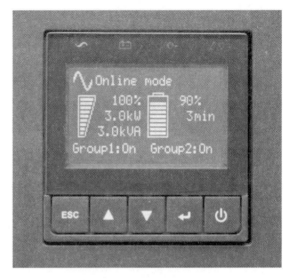
图 6.22 UPS 主机操作面板

2. UPS 的四种工作模式

① 市电模式:即 UPS 正常工作状态。市电经过整流、稳压、逆变后将输入电源变为稳定可靠的 AC220 V 输出电源供给负载。

② 电池模式:即 UPS 在市电发生异常时的供电状态。电池经过升压和逆变后供给负载。

③ 静态旁路模式:即 UPS 自身发生异常或过载时的工作模式,此时 UPS 内部自动将逆变器停止工作并且直接从旁路把市电供给负载。

④ 维修旁路模式:即 UPS 在自身需要维护保养时,需要手动将 UPS 切换到维修旁路。

技 术 训 练

1. 简述车站计算机系统监控界面终端设备绿色、黄色、红色、蓝色、灰色分别代表什么含义。
2. 车站降级运营模式有哪几种?
3. 紧急释放的功能是什么?
4. 车站计算机系统主要包括哪些功能?
5. 计算机系统的组成包括哪些部分?
6. UPS 分为哪几种工作模式?
7. SC 服务器由哪些模块组成?
8. UPS 由哪些部分组成?

应用篇

第 7 章　城市轨道交通自动售检票系统规范

7.1　自动售检票系统通用标准

1. 规范

《地铁设计规范》(GB 50157)。
《城市轨道交通自动售检票系统工程质量验收规范》(GB 50381)。
《城市轨道交通自动售检票系统技术条件》(GB/T 20907)。
《综合布线系统工程设计规范》(GB 50311)。
《低压配电设计规范》(GB 50054)。
《建筑电气工程施工质量验收规范》(GB 50303)。

2. 标准

① 自动售检票系统的设计能力应满足地铁超高峰客流量的需要。自动售检票设备的数量应按近期超高峰客流量计算确定,并应按远期超高峰客流量预留位置与安装条件。

② 清分系统、灾备系统、线路中央计算机系统、车站计算机系统、车站终端设备的用电负荷应为一级负荷,维修测试系统的用电负荷宜为二级负荷。

③ 自动售检票系统的设计应以可靠性、安全性、可维护性和可扩展性为原则,保证数据的完整性、保密性、真实性和一致性。

④ 自动售检票系统应具备用户权限管理的功能。

⑤ 自动售检票系统应实现与相关系统的接口。

⑥ 自动售检票系统应满足地铁各种运营模式的要求。

⑦ 车站控制室应设置紧急控制按钮,并应与火灾自动报警系统实现联动;当车站处于紧急状态或设备失电时,自动检票机阻挡装置应处于释放状态。

⑧ 自动售检票系统应适应车站环境的要求,车站计算机系统和车站终端设备控制器应按工业级标准进行设计。

⑨ 自动售检票系统应选用操作简单、方便快速的设备,并应有清晰的信息提示。

⑩ 自动售检票系统设备应具有连续 24 h 不间断工作的能力。

⑪ 线网自动售检票系统应按多层架构进行设计,并应遵循集中管理、分级控制、资源共享的基本原则。各层级应具有独立运行的能力。

⑫ 自动售检票系统宜由清分系统、线路中央计算机系统、车站计算机系统、车站终端

设备、传输通道和车票构成。

⑬ 自动售检票系统设计时，应提供符合设备用房、设备布置、设备用电、设备维修、接地、传输通道、时钟、视频监控及预埋管线、箱、盒等相关接口技术要求，以及与城市交通"一卡通"、通信、火灾自动报警、门禁等系统的接口技术要求。

⑭ 清分系统宜设置在控制中心，并应由清分服务器、应用服务器、操作员工作站、存储设备、车票编码分拣设备、打印机、网络设备和不间断电源等构成，同时宜根据需要设置灾备系统。

⑮ 线路中央计算机系统应设置在线路控制中心，并应由中央服务器、应用服务器、操作员工作站、存储设备、打印机、网络设备和不间断电源等构成。

⑯ 车站计算机系统应设置在车站控制室或设备房，并应由车站服务器、操作员工作站、紧急按钮、打印机、网络设备和不间断电源等构成。

⑰ 车站终端设备应由半自动售票机、自动售票机、自动充值机、自动检票机、自动验票机和便携式验票机等组成。

⑱ 车票应分为单程车票、储值车票，以及需要时设置的其他票种。

⑲ 自动检票机的设置应满足每组不少于3通道要求。

⑳ 在时段客流方向明显的车站，应多设置标准通道双向自动检票机。

㉑ 每个独立的付费区应至少设置一个双向宽通道自动检票机，宽通道自动检票机通道净距离宜为900 mm。

㉒ 自动售检票系统的性能和使用要求应符合GB/T 20907的规定。

㉓ 自动售检票系统应满足高峰小时客流量的需要和各种运营模式的要求。

㉔ 自动售票机应设置在较宽敞的空间，每处售票点运行的售票机应不少于两台。

㉕ 检票闸机应具有显示运行状态的功能；在应急情况下，所有检票闸机门应处于紧急放行状态。

㉖ 自动售检票系统对外部的恶意侵扰应具有有效的防御能力，运营单位应制定相应的病毒防护措施。

㉗ 运营单位应制订自动售检票系统的设备维修计划和维修模式，确定设备检修项目的实施周期和修程，可采用月度检修、季度检修、年度检修或故障检修。

㉘ 自动售票机的维修范围应包括卡(币)发售模块、硬币模块、纸币模块、找零模块、电源盒、读写器和储值模块等。检票闸机的维修范围应包括卡(币)回收模块、扇门机芯、电源盒、读写器等。

㉙ 运营单位应建立包括系统维修与保养手册、部件功能描述、系统配线图和设备台账等自动售检票系统的基础资料档案管理制度。

7.2 ACC 功能标准

7.2.1 ACC 主要功能

ACC 是合肥轨道交通 AFC 系统联网收费的核心部分，ACC 负责不同运营线路间账务清算、票务发行，同时作为轨道交通运营商的代理，与合肥市城市一卡通公司进行清分结算和协调等工作。ACC 作为轨道交通网络化运营的数据中心管理部门，为确保网络化运营过程中清算的准确性、票卡资源流通的合理性和资源利用的有效性，成为全网络票价的制定及发布中心、运费清算中心、车票调配策略实施的管理中心、网络化运营所必需的统一的管理中心。同时，在异常情况下（如恐怖袭击、地震、火灾等），ACC 主中心不能正式投入运营时，可通过异地应用级备份中心确保整个轨道交通清分中心系统的正常运转。

7.2.2 ACC 通用要求

1. 安全性

系统应是高度安全的，体现在设备安全、票卡安全、软件安全、网络安全和数据安全等方面。

(1) 设备安全

① 设备表面应平滑，边角应圆滑，不会导致员工受伤害，不会在员工使用或维护时遭受侵害。

② 硬件设备的外壳应有足够的强度，耐受一定程度的碰撞和冲击。

③ 所有设备应具备相应的安全保护，设备内各模块应固定，防止随意移动，所有接头应具有固定措施。

④ 所有设备应有良好的电气接地安全措施，保证设备金属外壳不带电，不会对员工使用或维护时造成伤害。

⑤ 所有设备及通信线路应具备相应的电源保护措施。

⑥ 设备应至少通过防电、防火、防水、防潮、防酸、防碱、防腐蚀、防毒、防划伤等方法，确保设备和人身的安全。

(2) 票卡安全

① 票卡芯片内部数据结构、卡与读写器相互认证、交易数据安全认证等方面应具有较完善的安全功能。

② 票卡及票卡读写器应具备防冲突功能。

③ 票卡读写器应具有防止突然拔卡和掉电保护功能。

④ 系统应具备完善的车票跟踪功能。

(3) 软件安全

① 软件系统应具有操作权限管理功能。

② 利用所有在系统内的操作和交易记录,可进行完整的审计和交易、现金、票卡流程追踪。

③ 软件系统自身应具有自监测、自诊断和充分的冗余功能,并自动运行防病毒软件、防火墙等加强软件系统的防护能力。

④ 软件系统应可防止对数据的恶意破坏。

⑤ 软件系统应具有防止误操作及恶意操作的功能。

⑥ 软件的更新应保证安全、有序且不影响正常运营。

(4) 网络安全

① 应保证各种网络资源的稳定可靠、合法使用。

② 应保证所有网络信息的机密、完整、可用。

③ 应至少采用入侵检测、访问控制、防火墙、病毒防护等安全性措施,以防止或阻止非授权的访问或活动。

(5) 数据安全

① 系统内所有敏感数据必须采用高安全加密方式,主要包括票卡、读写器、ES 和数据通信网络内的存储、访问、修改和传输。

② 应符合国际、国家和建设部、中国人民银行等行业技术标准及规范中有关的安全要求,采用的电子安全交易手段包括对称/非对称密钥算法、信息认证码(MAC)、数字签名、数字校验等。

2. 可靠性

为降低软硬件故障,提高系统可靠性和平均无故障维修周期,提高系统软硬件的使用和管理的安全性,系统应进行可靠性设计。可靠性设计应结合可维修性和安全性的设计,确定最佳的费用效能比以及可靠性增长方案,实现系统生命周期内的可靠性管理。

3. 稳定性

应确保所提供的 ACC 系统的稳定性,使其能够 24×7×365 小时连续稳定运行。

4. 可维护性

为减少维修次数和维修时间,提高运营服务质量,达到零配件数量低比率,系统应进行可维护性设计。可维护性设计应做到控制维护保养需求、减少维修作业次数、减少维修时间、简化维修操作、控制零配件需求、控制专用维修设备和工具需求、减少出错可能性等。

5. 可测试性

为快速准确地判断系统故障的位置和原因,减少维修次数、时间、费用,本系统应有良好的可测试性。系统设备应充分考虑测试点的设置,对测试点应进行详细的特性描述。所采用的测试手段应易于掌握,测试设备和工具尽量通用。

6. 先进性

系统的软硬件应遵循国际、国内开放系统标准及协议,属于当前业界的主流产品,并已经在全球范围内的各种应用中大量使用,是经过各方面考验的先进和成熟的产品,采用先进技术设计和制造,具有高性能,同时又成熟可靠。

7. 开放性与可扩展性

系统的软、硬件具有良好的开放性与可扩展性,系统提供开放式的标准接口,以支持将来基于轨道交通储值票卡的多应用扩展。系统的软硬件开放性与可扩展性包括但不限于:

① 运营线路扩展与运营商的扩展。
② 系统功能扩展。
③ 新增模块扩展。
④ 新增系统接口的扩展。
⑤ 新增系统应用的扩展(如其他支付方式、身份识别)。
⑥ 城市一卡通清算中心系统及其他支付系统的应用扩展。
⑦ 人机界面。
⑧ 其他应用的扩展。

具体体现在:

(1) 系统结构

① 系统层次化布局。
② 系统功能模块化组合。
③ 同层子系统之间相对独立的运行。
④ 参数化设计。
⑤ 系统层与层之间具有互为冗余特性。

(2) 应用接口

① 数据通信采用国际标准的开放式协议。
② 硬件接口采用国际上广泛使用的标准接口。
③ 软件接口全面开放。
④ 系统参数设置方式全面开放。

(3) 应用功能

① 满足用户需求管理且满足需求变化及扩展需要。
② 满足可适应运营规则变化的功能扩展需要。
③ 满足系统各组成软件模块的增加、变更及组合的应用需要。
④ 满足低成本且可便捷实现系统功能的变化及扩展需要。
⑤ 满足轨道交通专用票及合肥通票的应用扩展需要。
⑥ 满足轨道交通其他关联应用的扩展需要。

(4) 软件

软件采用集成的模块化设计,系统软件处理结构应满足上述各项要求,软件模块各接口应开放，软件新功能、性能变更应可方便实施，且不会影响整体系统正常运营需求。

(5) 硬件

计算机类设备的配置应充分考虑预留，可通过增加或更新硬件进行系统扩展。

设备应采用模块化设计，功能的选择可以通过配置不同的硬件模块来实现，设备操作功能可通过参数及指令形式控制和调整。

7.3 LC 功能标准

7.3.1 LC 主要功能

LC 为本线路 AFC 系统的核心部分，实现对系统运营、票务、收益、维修的集中管理功能。LC 可收集、处理系统内各类数据，制定、维护系统各类参数，接收、下达系统各类指令，同时应为系统提供高度的安全机制和严格的操作规程；并能够完成与合肥通卡公司之间的结算。LC 可接收 ACC 系统参数及指令，并根据要求向 ACC 上传相关数据，并可与 ACC 对账。

7.3.2 LC 通用要求

① 应用软件应满足本系统各类功能的实现及系统管理的需要。
② 软件的设计应符合相关软件工业标准，与不同的硬件及软件平台具有良好的兼容性。
③ AFC 软件系统能适应远期的管理需求，要考虑合肥通和新线换乘等因素。
④ 应用软件应具有二次开发功能，并提供二次开发工具以方便软件的升级。

1. 模块化

应用软件的设计采用先进的设计方法，如面向对象的设计方法。各层次的软件应按实现功能划分子模块，各模块应以插/控件的形式存在。对软件升级只需更新相应的模块插/控件，而不需更新整个应用软件。

应用软件的设计将部件控制程序与部件监控程序区分开来，以方便系统的维修与扩展。在大多数情况下，票务或管理政策改变则只需更新相应的功能模块，而不应改变其他的模块。

2. 可扩展性

应用软件具有良好的可扩展性。随着地铁运营发展的需要，当需要增加新的功能、新的设备、新的部件时，新开发的应用模块可方便地加入到应用软件系统中，而不影响应用软件件的正常运行。新模块的开发只需要知道与其相关的功能模块的外部接口即可实现。

在进行系统扩展时,任何软件或数据的更新都应不影响系统的正常运行。并能提供满足上述需求的在线数据生成和更新设备。在系统软件升级时,能进行网络在线升级,并且不会造成任何数据丢失。

3. 可移植性

应用软件具有可移植性。当硬件或软件平台升级时,保证应用软件可快速移植。提供一套标准的车站系统应用软件和车站各售检票设备应用软件,当系统安装或将来增加车站计算机系统或车站售检票等设备时,应能使用提供的同一套应用软件进行安装,设置相应的参数即可完成软件的移植。

7.4 SC 功能标准

7.4.1 SC 主要功能

SC 为车站 AFC 系统的核心部分,可对本车站内部的所有设备进行实时监控,实现对车站 AFC 系统运营、票务、收益及维修的集中管理功能。SC 可收集、处理车站内各类数据,并上传到 LC。可接收 LC 下传的各类系统参数,并下载到各车站设备。可接收 LC 下达系统各类指令,并下传到各车站设备,同时可根据需要自行向车站设备下达控制指令,并将该操作记录上传到 LC。

7.4.2 SC 通用要求

参见 7.3.2 小节 LC 通用要求。

7.5 SLE 功能标准

7.5.1 SLE 的主要功能

车站终端设备主要由自动售票机、半自动售(补)票机、自动检票机和 PCA 构成。SLE 的主要功能有:
① 接收参数及命令,完成规定操作及信息提示。
② 生成并上传全部交易数据、审核数据和事件数据,生成日志数据。
③ 按要求存储数据,存储时间一般不少于 7 天。

④ 设备故障自诊断和故障提示。

⑤ 在发生通信故障时能独立运行，并能实现数据导出功能，通信故障恢复后数据自动上传。

7.5.2 自动售票机通用技术要求

自动售票机设于车站非付费区，用于乘客自助式购买单程票并可对储值票进行充值。自动售票机可发售车票的票种可通过参数进行设置。

自动售票机可接收硬币、纸币、金融卡（预留软、硬件接口及物理空间）等支付方式，并在乘客售票操作时能用硬币、纸币式找零，对于充值操作则无找零功能。

自动售票机具有将系统设定参数范围内的车票进行分拣并回收的功能，自动售票机对将要发售的车票进行检测，对符合发售条件的车票赋值发售，对系统设定回收的车票分拣并回收到废票箱。

自动售票机采用前、后开门维修方式。

自动售票机对于合肥通车票的处理按照合肥通系统的规则进行。

1. 操作模式

自动售票机具备多种操作模式，所有操作模式通过参数设置或 LC、SC 下达的指令启用。

在正常操作模式下，自动售票机可同时接收硬币、纸币等支付方式，并具有硬币、纸币找零功能；只接收纸币进行储值票充值。

当自动售票机达到所需操作模式转换的条件时，可按照参数的设置自动切换到相应的受限操作模式，如无找零模式、拒收纸币模式、拒收硬币模式、只售票模式、只充值模式等，在相应受限模式启用条件消除后，自动售票机可自动返回正常操作模式。

自动售票机在任何操作模式下均给乘客明确的信息提示。

2. 购票

自动售票机至少提供乘客票价选择和车站选择两种购票方式，以满足不同乘客的使用要求。

自动售票机要给予乘客明确的操作提示。在触摸屏上，对可接收的硬币、纸币面额有明确提示。对乘客的有效和无效操作，自动售票机提供明确的提示。同时乘客显示器上有明确的有效操作提示。

在允许同时使用硬币及纸币时，自动售票机能根据付费金额、找零限额或找零装置硬币存量，自动计算允许接收硬币及纸币的合理面额。找零限额由参数设置。使用的币种可通过参数配置。

自动售票购票机支持互联网支付方式，提供二维码由乘客刷码支付购票。自动售票机可自动识别后续新增线路。

3. 充值

自动售票机只接收纸币对储值票进行充值，并预留金融卡充值功能。

自动售票机可以通过参数设置,允许充值操作使用的纸币面额,纸币面额应包含人民币第四版 50 元、100 元和第五版 20 元、50 元、100 元。

自动售票机对合肥通卡公司储值票的充值,应获得其授权认证和充值密钥。

在对储值票进行充值时,应对其有效性进行检查,并按系统参数设置的允许充值金额进行充值。

储值票插入后,读卡装置应将卡锁定,交易过程乘客无法取卡;完成充值交易后,自动售票机将退出储值票。

储值票读写器的安装位置及外形应与自动售票机的整体设计相协调。

自动售票机可打印充值凭证,并应指示乘客可到半自动售(补)票机处持充值凭证索取发票。

4. 车票处理

乘客在选择并投币后,车票处理模块应能自动完成供票、赋值及出票的处理过程。每台自动售票机至少应配置 2 个以上储票箱和 1 个废票箱,每个储票箱的储票数量为 1000 张,废票箱容量要求为 300 张,废票箱存储坏票和系统指令回收票。

自动售票机应能检测车票空及将空的状态,并将状态上传到 SC 及 LC。自动售票机的车票处理模块的设计应能够快速方便地添加车票、更换储票箱和处理卡票,并且可与其他系统设备的相应模块进行互换。票箱配有 RFID,可以记录票箱的各种信息,并可与检票机的单程票回收票箱的性能、规格等技术指标一致,且可以互换。

自动售票机应能一次性发售单张、多张车票,不同票种可同时发售。一次性发售车票的上限应可通过参数设置。

自动售票机在对车票赋值前应进行有效性检查。在写入购票信息后,应对所写数据进行校验。如果有效性检查及校验失败,车票应被回收到废票箱,同时设备应尝试再次发售车票。如果连续出现编码校验错误的次数达到参数设置次数,设备将暂停服务并将该信息上传到 SC,已投入的钱币应返还给乘客。

单程票传送部分和发售票箱等与车票走向径路有关的模块/部件的设计应尽可能将车票表面磨损降至最小且不损坏车票芯片,减少对车票的损坏。

出票口的设计应符合人体工程学,应方便乘客取出车票。当出票口内有车票时,其应具有明显的标志指示乘客取出车票。出票口应具有防飞票及防水的措施,其边缘应光滑不能伤害乘客。

5. 硬币处理

硬币处理模块能接收至少 2 种不同面额的硬币且可通过参数配置,具有高度的防伪功能。硬币处理模块可增加新硬币种类。

硬币处理模块至少能存储 2 种面额的硬币用于找零。在存量不足时,可自动将乘客投入的硬币补充,进入储币箱。

硬币处理模块有专门设置用于找零的备用存币装置。

硬币处理模块中所存储的硬币能通过指令清空。清空指令可以通过 SC 下达,或就地操作。

在交易取消时,硬币处理模块具有返还乘客所投入的硬币的功能。

硬币投币口及退币口的设计要符合人体工程学,方便乘客投入硬币并能有效防止卡币,要具有明显的标志指示乘客投入硬币或取回硬币。在自动售票机暂停接收硬币、暂停服务或关闭时,投币口能关闭不接收硬币。退币口有防飞溅功能。投币口及退币口均具有防水措施,且边缘光滑不会伤害乘客。

硬币处理模块具有以最低成本对未来发行的新版人民币识别的升级能力。

6. 纸币处理

纸币处理分纸币接收和纸币找零模块。

(1) 纸币接收模块

纸币处理模块能接收不同纸币,具有高度的防伪功能。纸币放入方向不影响其检验的正确性。不符合参数指标的纸币通过纸币口返还给乘客,并有明确的标识指示和声音提示。

纸币投币口的设计需符合人体工程学,方便乘客投入纸币并能有效防止卡币,并具有明显的标志指示乘客投入纸币或取回纸币。在自动售票机暂停接收纸币、暂停服务或关闭时,投币口能关闭不接收纸币。

纸币处理模块具有以软件升级实现对未来发行的新版人民币识别的升级能力。

(2) 纸币找零模块

纸币找零模块至少能够对两种纸币进行找零。钱箱具有少钞检测功能,且具有唯一的电子识别标签及独立的安全锁,支持钱箱少钞及回收箱满状态检测。钱箱内部结构调整方便,可灵活适用于各种不同尺寸的钞票。模块设计方便,可现场排除卡钞。

7.5.3 半自动售(补)票机通用技术要求

半自动售(补)票机设于车站售票室或票亭,根据位置不同而具有售票、补票和售补票功能。

半自动售(补)票机对于合肥通车票的处理按照合肥通系统的规则进行。

半自动售(补)票机根据所布置的位置不同,可有售票模式、补票模式和售补票模式等。在不同运行模式下所能实现的功能可由系统参数灵活设置。

1. 售票

半自动售(补)票机应按系统设置的票价表、购票限额、优惠制度、押金等系统参数出售乘客使用的车票。所能出售的车票种类由系统参数设置。

半自动售(补)票机在对车票赋值前,应对车票进行有效性检查,同时检查车票的类型是否为需赋值车票类型。在对车票进行赋值时,应将有关的赋值编码信息写入车票,但不能修改车票的初始化数据。在赋值后应对写入数据进行校验。如果有效性检查及校验失败,车票应被回收到废票箱,同时设备应尝试再次发售车票。如果连续出现编码校验错误的次数达到参数设置次数,设备将暂停服务并将该信息上传到 SC。

半自动售(补)票机应可发售预赋值车票(即批处理)并应能记录所发售车票的编号及张数。所能发售的预赋值车票的类型应由系统参数下达。

半自动售(补)票机的车票补充应符合安全操作的要求。
半自动售(补)票机可自动识别后续新增线路。

2. 补票

半自动售(补)票机可对超程、超时、无票、车票损坏的乘客实现补票功能。补票方式根据具体情况采用原票补票或出售出站票。补票是否收取手续费及收取多少手续费由系统参数确定。对不同的补票情况应设置不同的补票手续费。对于补票信息均应进行记录，并上传。

3. 充值

半自动售(补)票机可以对符合条件的车票进行充值，预留对合肥通卡公司储值票的充值，合肥通充值应获得其授权认证和充值密钥。

对于金额类车票，操作员可以选择由系统参数设置的金额或手工输入需充值的金额。对于计次类车票，操作员只可选择由系统参数设置的金额。

在对车票进行充值前，应对车票进行分析，如符合以下条件则可充值。
① 车票分析正常，余值未达到参数设置的上限或乘次用完。
② 车票为参数设置的允许充值类型。
③ 车票欠费或余值不足(余额即为补足欠款额后的金额)。
④ 车票无效但可进行更新。
⑤ 半自动售票机在进行充值处理时，应在车票写入相应的充值编码信息，但不能修改车票的其他信息。

7.5.4 自动检票机通用技术要求

自动检票机布置于付费区与非付费区的交界处，分为进站检票机、出站检票机、双向检票机和宽通道检票机四种。双向检票机可设置为进站、出站、双向三种模式。

1. 检票

自动检票机的检票应符合乘客右手持票通过的习惯。在检票前应对车票有效性进行检查。有效性检查主要包括：安全性检查、合法性检查、状态检查、黑名单检查、使用地点检查、余值/乘次检查、有效期检查、进出次序检查、超乘检查、超时检查、更新信息检查等。根据自动检票机所执行的功能不同和车票种类的不同而应设置不同的检查内容。有效性检查应以车票上的编码信息和当前系统参数作为依据。

若车票检查有效，检票机应将相关进出站信息写入车票，并对写入的数据进行校验。若车票检查无效，自动检票机不得在车票写入任何信息，乘客显示器应显示车票无效的信息。

有效车票在通过出站检票机或双向检票机设置为"出"模式时，将被扣除相应的车费或乘次，并回收单程票等回收类车票。

自动检票机应记录使用有效车票而未通过的乘客次数，当达到参数设置的最大次数时，应拒收或拒处理车票，同时设备发出报警信息。

自动检票机不允许同时处理两张及以上的车票。当两张及以上的车票同时出现在自动检票机读写器读写范围内时,应拒绝进行处理。

自动检票机应可防止车票恶意重叠检票。

自动检票机回收票入票口应只允许插入一张车票。

所有在自动检票机处理的交易数据,包括有效及无效车票交易数据,应上传到 SC 及 LC。

自动检票机对合肥通的处理按照合肥通系统的规则进行。

2. 通行控制

自动检票机安装足够的传感器对乘客的通行进行监控,能监控乘客通过自动检票机的整个过程以及监测通过自动检票机的人数。

自动检票机能监测、鉴别并分别处理乘客正常通过的情况和非正常通过的情况,例如能够检测到两个乘客的尾随现象并立即报警,检票机能够及时关闭防止尾随;能判断乘客在通道内错误的走行方向,能判断乘客跳跃、下钻等异常的通过方式;能区分乘客与手推物品;严防尾随行为的同时不产生误报。

自动检票机具备使 1.3 米以下儿童免票安全通过的功能。

在自动检票机闸门开关区域内设置监测传感器,当监测到有障碍物时,闸门维持当前状态并发出报警提示。

3. 车票回收

出站检票机和双向检票机应设车票回收模块,以回收需要回收的车票。对于无效车票及不需回收的车票应退回。

自动检票机回收模块的入票口应设置在进入端显著位置,同时以醒目的彩色标志引导乘客插入需回收的车票。入票口的设计应符合需回收车票的设计尺寸,在入票口不允许同时插入两张及以上的车票。

入票口的设计应考虑到防止乘客恶意塞入异物和倒入液体,导致入票口损坏。

在暂停服务、紧急放行、关闭等运行模式下,回收票入票口应封闭。

入票口接收车票后,在车票回收或退出前不能接收其他车票,同时处理非回收车票的读写器应不能处理车票。

当需回收车票在非回收车票读写器上使用时,自动检票机应提醒乘客将车票放入正确的位置。

自动检票机应能对卡票进行监测,其设计应能满足快速处理卡票故障的需要。同时,车票回收模块应尽可能减少需传动及调整的机械零部件。

自动检票机应能检测储票箱内的车票数量,在储票箱将满及储票箱满时向 SC 及 LC 传送相应的状态及车票数量信息。每套回收机构至少设两个储票箱,在一个储票箱满时,将车票回收至另一储票箱,两个储票箱均满时,自动检票机应拒收需回收的车票,但可以继续处理不需回收的车票。

自动检票机的分拣机构应可根据系统参数的设定将部分车票回收至废票箱。

入票口边缘应光滑、不伤害乘客,并且应具有防止飞票的措施。

单程票回收模块应带自动堆叠功能。

单程票传送部分和回收票箱等与车票走向径路有关的模块/部件的设计,应尽可能将车票表面磨损降至最小且不能损坏车票芯片。

4. 闸门

检票机闸门通过设备及主控单元的控制,实现对持有效车票的乘客开闸通行;对持无效车票或其他不正当通行的行为关闸阻拦;闸门由通行控制模块和闸门机械装置构成。闸门能保证持有效车票的乘客通过通道而不会给所有乘客造成伤害或不便。闸门的开关速度和动作方式满足通行控制的要求,保证乘客持有效车票能够以正常走行速度无停滞地通过,能迅速地、无伤害地阻挡住试图非法通过的乘客。

闸门可设置为常开或常闭状态,并可手动开启和关闭。打开时门扇能够完全收缩到箱体内。

在常闭状态下,自动检票机接收到一张有效车票后,闸门打开。乘客通过后,闸门在参数设置的时间段内若没有接收到下一个乘客的有效车票或检测到有乘客试图无票通过时,将关闭闸门。在断电情况下,闸门能自动打开,但不是由备用电源(如电容、电池等)的驱动来完成。

在常开状态下,当自动检票机接收到无效车票或乘客试图无票通过时,将关闭闸门。在暂停或关闭模式下,闸门能自动关闭。

闸门执行关闭动作时,关闭力度要考虑人体的承受能力,不得对乘客造成伤害。在完全关闭前有一参数设置的暂缓时间以降低冲击力度。当闸门关闭时,若承受的冲击力超过一定限度,闸门能自动开启,并发出报警。闸门的受力限度由参数设置。

闸门的开关要完全到位。开启时,闸门不能对乘客通过造成任何阻碍。

闸门的阻挡动作方式可以通过参数化进行设置和更改。

5. 紧急模式

当发生紧急情况时,自动检票机的闸门将全部打开,即使故障,其也应尽可能打开闸门,以便乘客迅速疏散。在此模式下,自动检票机应不接收或处理任何车票,但对客流进行计数。

6. 双向检票机

双向检票机应具备进站、出站和双向三种运行模式。三种模式的转换可通过自动运行时间表、下达指令和就地控制实现。在不同的运行模式下均应给乘客明确的提示。在双向模式下,应保证同时只有一端乘客可以使用。

7. 宽通道检票机

车站内设置部分宽通道检票机,供携带大行李的乘客和残疾人士检票出入付费区,并应提供足够的通行空间,通行控制应充分考虑特殊乘客的人身安全。

技 术 训 练

1. 自动售票机所有操作模式可以通过哪些方式实现?
2. ACC 的安全性包括哪几方面?

第8章 城市轨道交通自动售检票系统操作

8.1 自动检票机操作

8.1.1 自动检票机启动与关闭操作

(1) 自动检票机启动

① 打开 AGM 维护门,检查设备无异常。

② 闭合自动检票机漏电保护开关电源,按下工控机开关,自动检票机各子模块开始自启,自动检票机启动正常,如图 8.1 所示。

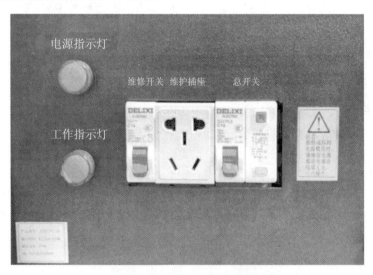

图 8.1 自动检票机电源模块

(2) 自动检票机关闭

① 打开 AGM 维护门,乘客显示器显示登录界面,如图 8.2 所示。

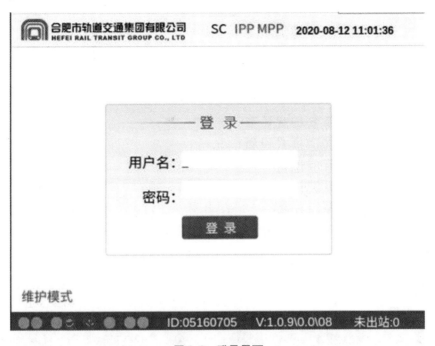

图 8.2　登录界面

② 输入正确的用户名及密码,在主菜单界面中选中 4.管理操作,如图 8.3 所示。

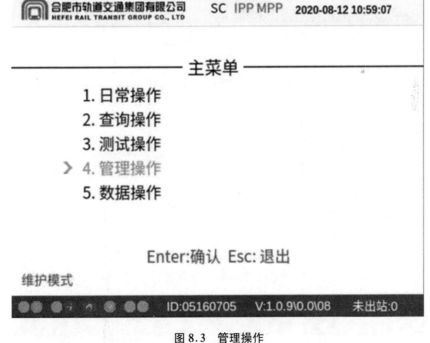

图 8.3　管理操作

③ 在运营控制菜单界面中选中 6.关机/重启,如图 8.4 所示。

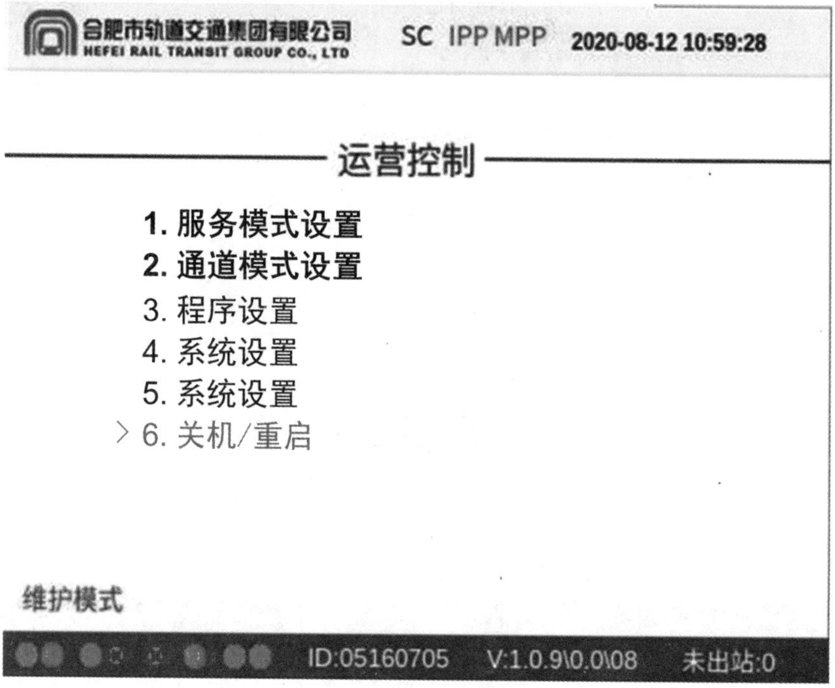

图 8.4　关机/重启

④ 在关机菜单界面中选中 4.安全关机,如图 8.5 所示。

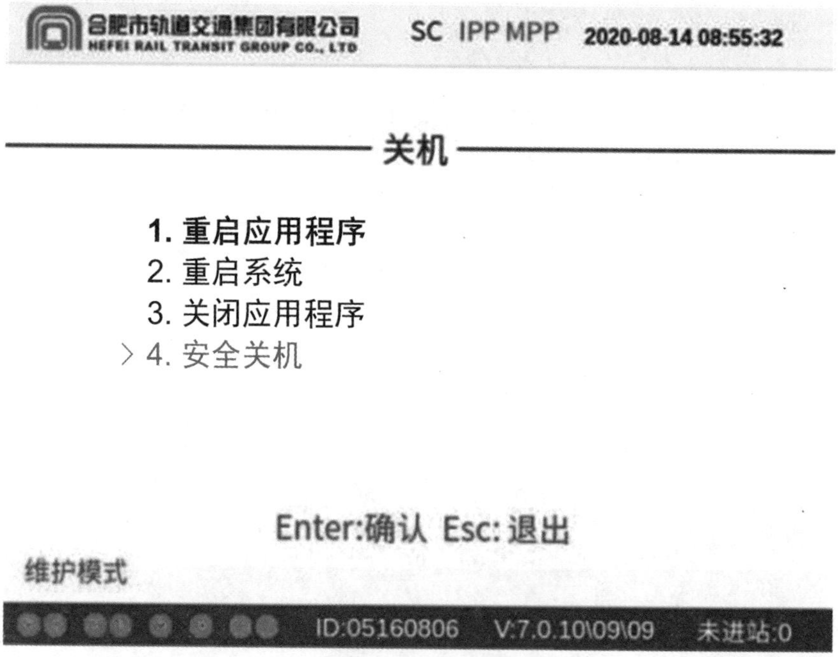

图 8.5　安全关机

8.1.2 扇门模块操作

① 打开 AGM 维护门,乘客显示器显示登录界面,如图 8.6 所示。

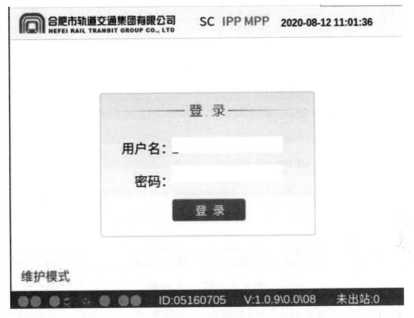

图 8.6 登录界面

② 输入正确的用户名及密码,在主菜单界面中选中 4.管理操作,如图 8.7 所示。

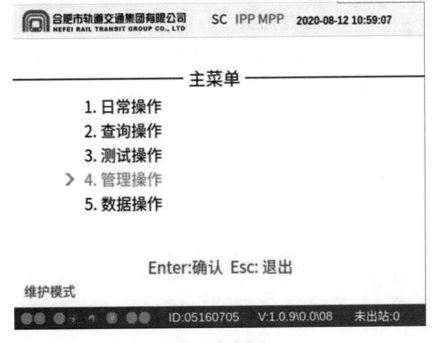

图 8.7 管理操作

③ 在运营控制菜单界面中选中 2.通道模式设置，如图 8.8 所示。

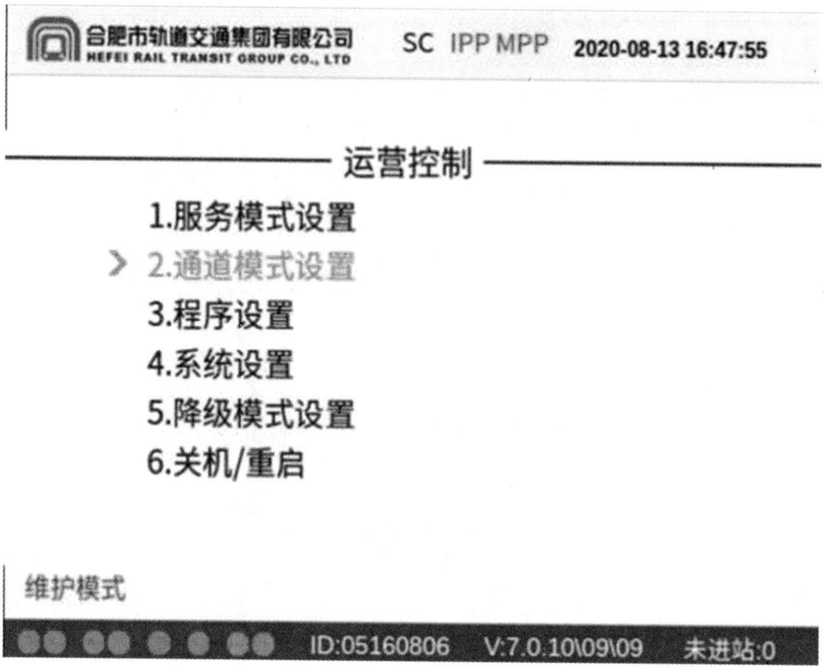

图 8.8　通道模式设置

④ 通道模式设置菜单下可设置闸机通道方向为进站、出站和双向三种模式，如图 8.9 所示。

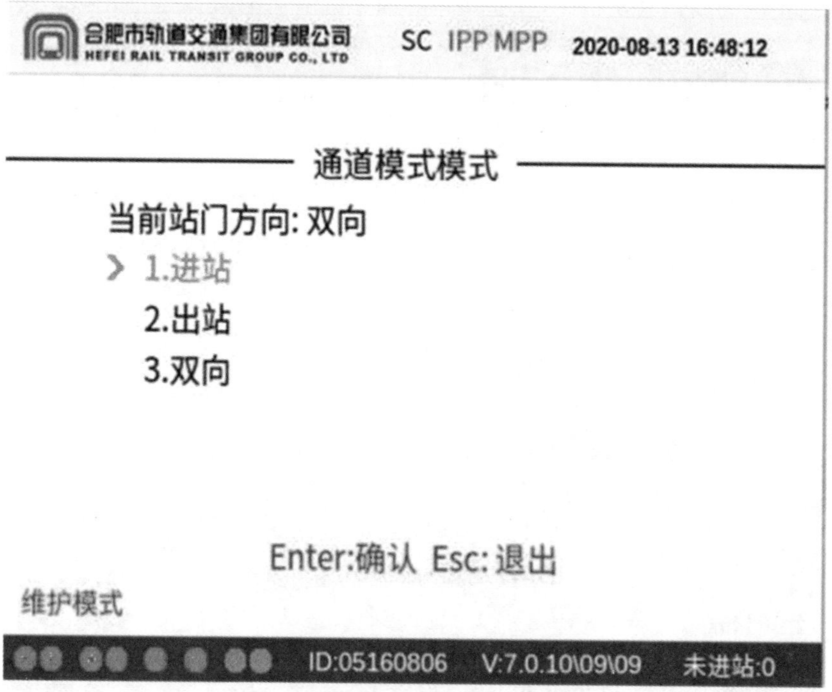

图 8.9　通道模式

8.1.3 回收模块操作

(1) 检查票箱底部托盘

准备好自动检票机维修门钥匙和票箱钥匙,检查票箱底部托盘是否下降到最底部,如果票箱底部托盘未下降到最底部,则用工具将托盘下降到最底部,如图 8.10 所示。

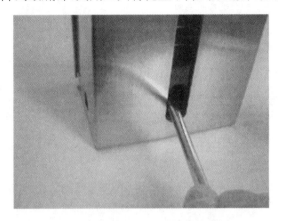

图 8.10　检查票箱底部托盘是否到位

(2) 卸下票箱

① 按下托盘下降按钮(图 8.11),将托盘下降到最底部。注:Ⅰ表示托盘上升,Ⅱ表示托盘下降,如图 8.12 所示。

图 8.11　按下"托盘下降"按钮　　　　图 8.12　"托盘升降"按钮

② 打开票箱固定拨片,合上票箱上盖,将票箱上盖旋转拉起后按箭头所示方向水平向里推到位,如图 8.13 所示。

③ 打开模块锁,取出票箱,一手提起票箱把手,一手扶住票箱,将票箱水平向外取出,打开票箱,如图 8.14 所示。

图 8.13 打开票箱固定拨片，合上票箱盖

图 8.14 取出票箱

④ 先检查票箱底部托盘是否下降到位后，再安装票卡，票卡需安装整齐，如图 8.15 所示。

图 8.15 安装票卡

⑤ 关上票箱，按箭头所示方向，将票箱钥匙逆时针旋转 90°至票箱钥匙为竖直状态，关上票箱，取出票箱钥匙。

（3）安装票箱

① 一手提起票箱把手，一手扶持住票箱，将票箱水平向里推到位，将钥匙顺时针旋转 90°，锁好票箱，拔出钥匙，如图 8.16 所示。

② 将票箱上盖抽出，合上把手、票箱固定拨片，如图 8.17 所示。

图 8.16 安装票箱

图 8.17 固定票箱

③ 按下托盘上升按钮,将托盘上升到顶部,如图 8.18 所示。

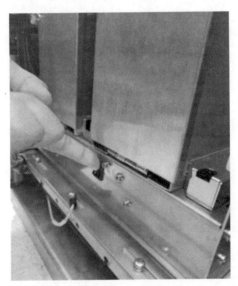
图 8.18 按下"托盘上升"按钮

8.2 自动售票机操作

8.2.1 用户权限设置

后台维护终端的操作是通过终端操作面板上的按键来完成的。在终端显示屏上,系统会显示相应的菜单结构,只需在后台维护终端的屏幕上按相应的按钮就可进入相应的菜单或实现相应的菜单功能。包含日常更换操作、部件单元测试、系统信息查询、运营模式设置和系统管理选项。

8.2.2 自动售票机启动与关闭操作

(1) 启动

将断路器总开关合闸,再打开电源模块开关 ON,自动售票机各子模块开始自启,自动售票机启动正常,如图 8.19 所示。

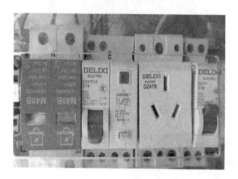

图 8.19 合闸送电

(2) 关闭

先登录账号密码,在维护终端屏幕菜单下选择开关机操作,再关闭电源模块电源开关及断路器,如图 8.20 所示。

图 8.20 应用软件关机

8.2.3 车票处理模块操作

(1) 卸下票箱和安装票箱

操作同 8.1.3 小节回收模块操作的相关内容。

(2) 取出废票箱

① 按箭头所示方向开锁,打开模块门,如图 8.21 所示。

② 取出废票箱,如图 8.22 所示。

图 8.21　打开模块门

图 8.22　取出废票箱

(3) 装上废票箱

① 按箭头所示方向将废票箱装入模块,向里推到位。将废票箱上盖打开后,放入模块的槽位内,如图 8.23 所示。

② 关上模块门并上锁,如图 8.24 所示。

图 8.23　装入废票箱

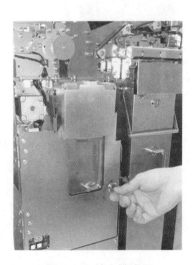

图 8.24　锁上模块门

(4) 补充票卡

① 登录维护界面后,点击日常更换操作—单程票操作—补充票箱 1,如图 8.25 所示。

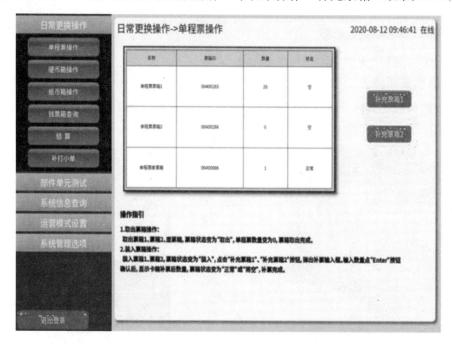

图 8.25 单程票操作

② 输入实际补充票卡数据,点击 Enter,如图 8.26 所示。

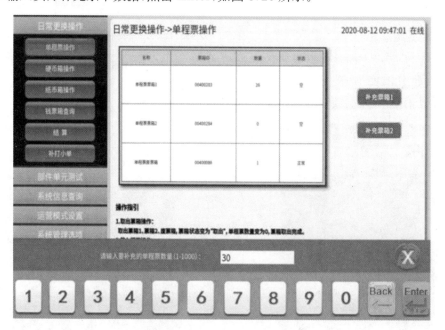

图 8.26 输入实际补充票卡数据

8.2.4 硬币处理模块操作

硬币找零补币箱是硬币模块的一部分，用于循环找零器无法满足找零要求时补充找零之用。有了循环找零器之后，大大降低了补币箱的补币操作频次。

① 打开维修门，输入登录名和口令，登入维修主页面。

② 维护模式下选择卸下钱箱，如图8.27所示。

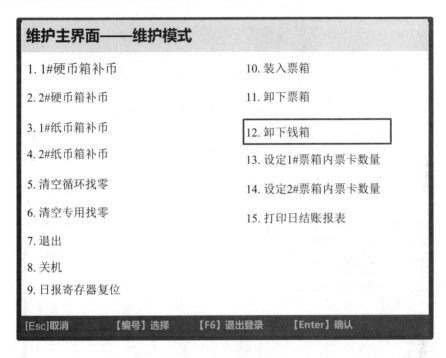

图 8.27　卸下钱箱

③ 用钥匙解锁硬币补币箱锁定机构，拉出硬币补币箱，如图8.28所示。

④ 取下硬币补币箱，运回票务室进行清点。

⑤ 将更换后的硬币补币箱装入硬币模块，并使用专用钥匙锁定补币箱机构，如图8.29所示。

⑥ 选择1或2，入装入的硬币箱中的硬币数量，如图8.30所示。

⑦ 设备会自动打印小票留存，退出账号登录并关闭维修门。

图 8.28 卸下硬币补币箱

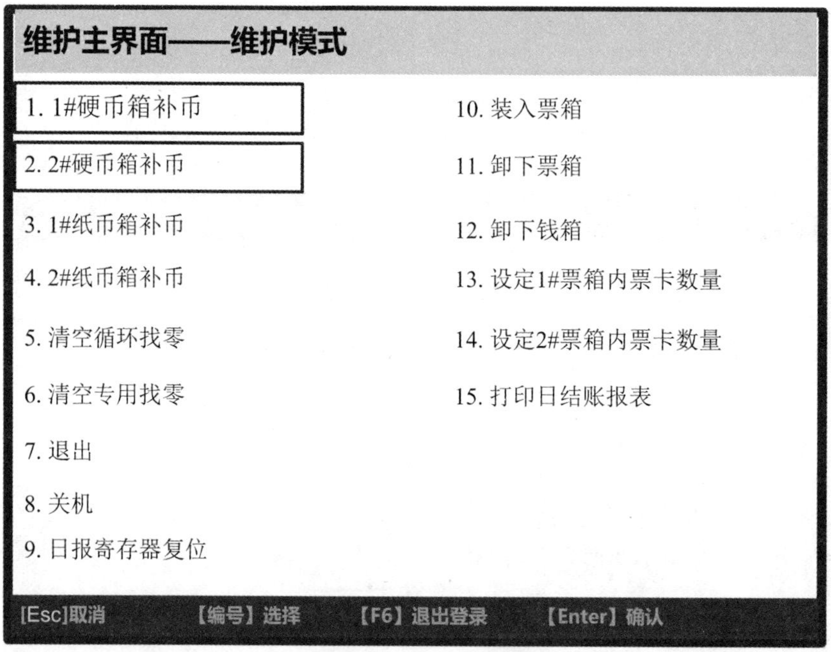

维护主界面——维护模式	
1. 1#硬币箱补币	10. 装入票箱
2. 2#硬币箱补币	11. 卸下票箱
3. 1#纸币箱补币	12. 卸下钱箱
4. 2#纸币箱补币	13. 设定1#票箱内票卡数量
5. 清空循环找零	14. 设定2#票箱内票卡数量
6. 清空专用找零	15. 打印日结账报表
7. 退出	
8. 关机	
9. 日报寄存器复位	
【Esc】取消　　【编号】选择　　【F6】退出登录　　【Enter】确认	

图 8.29 选择硬币补币箱

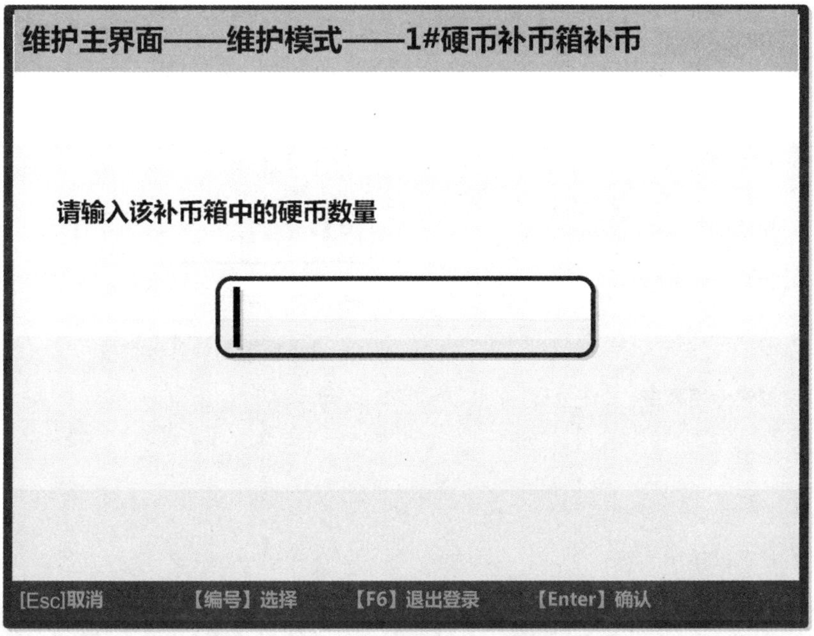

```
┌─────────────────────────────────────────────┐
│  维护主界面————维护模式————1#硬币补币箱补币  │
│                                             │
│                                             │
│   请输入该补币箱中的硬币数量                │
│                                             │
│   ┌─────────────────────────────┐           │
│   │                             │           │
│   └─────────────────────────────┘           │
│                                             │
│                                             │
│                                             │
│ [Esc]取消    【编号】选择    【F6】退出登录    【Enter】确认 │
└─────────────────────────────────────────────┘
```

图 8.30　输入硬币补币数量

8.2.5　纸币处理模块操作

(1) 更换纸币找零补币箱

设备会配置不同纸币找零方式,如配置了纸币循环模块的,则设备内部不再配置单独的纸币找零模块;若设备配置的是单独的纸币接收模块,则会根据需要配置单独的纸币找零模块或不配置纸币找零模块,仅提供硬币找零。由于 TVM 配置的纸币接收模块和纸币找零模块种类众多,本文仅对操作流程作说明,实际的纸币补币箱的更换方式参考相应模块的说明书。

① 打开维修门,输入登录名和口令,登入维修主页面。
② 在维护模式下进行选择,如图 8.31 所示。
③ 用钥匙解锁纸币补币箱锁定机构,拉出纸币补币箱,如图 8.32 所示。
④ 取下的纸币补币箱,运回票务室进行清点。
⑤ 将更换后的纸币补币箱装入纸币模块或纸币找零模块,并使用专用钥匙锁定补币箱机构。
⑥ 选择 3 或 4(图 8.33)并输入装入的纸币箱中的纸币数量,如图 8.34 所示。
⑦ 设备会自动打印小票留存,退出账号登录并关闭维修门。

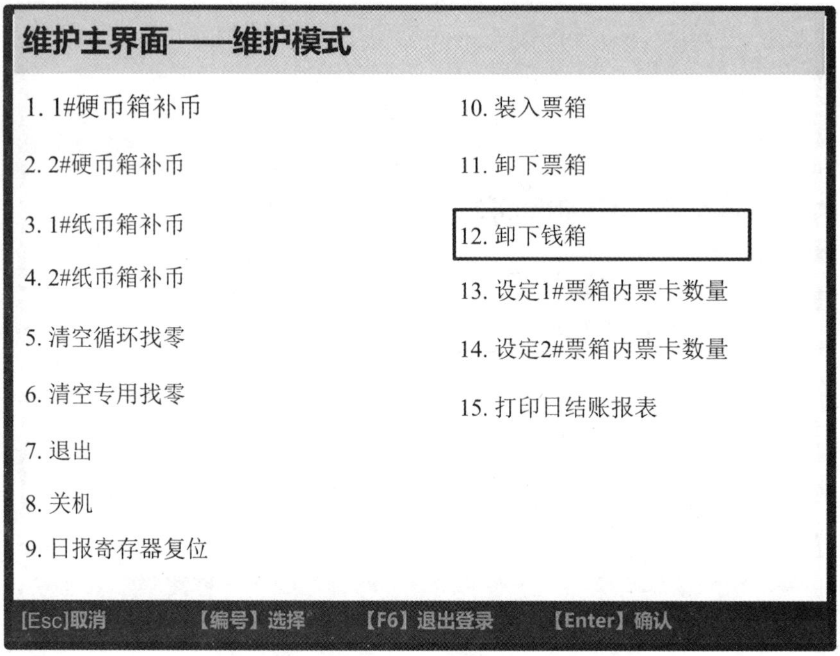

```
维护主界面——维护模式

1. 1#硬币箱补币              10. 装入票箱
2. 2#硬币箱补币              11. 卸下票箱
3. 1#纸币箱补币              12. 卸下钱箱
4. 2#纸币箱补币              13. 设定1#票箱内票卡数量
5. 清空循环找零              14. 设定2#票箱内票卡数量
6. 清空专用找零              15. 打印日结账报表
7. 退出
8. 关机
9. 日报寄存器复位

[Esc]取消    【编号】选择    【F6】退出登录    【Enter】确认
```

图8.31 维护模式

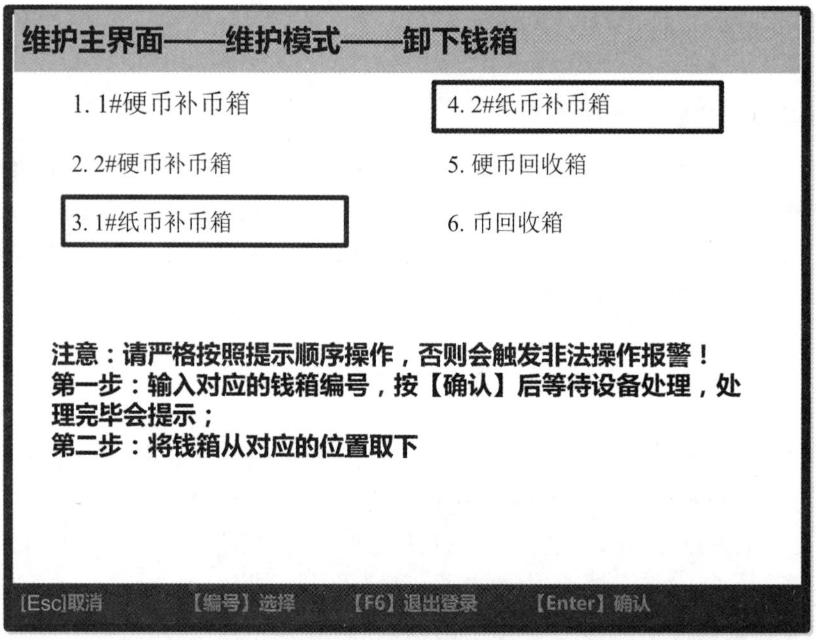

```
维护主界面——维护模式——卸下钱箱

    1. 1#硬币补币箱          4. 2#纸币补币箱
    2. 2#硬币补币箱          5. 硬币回收箱
    3. 1#纸币补币箱          6. 币回收箱

注意：请严格按照提示顺序操作，否则会触发非法操作报警！
第一步：输入对应的钱箱编号，按【确认】后等待设备处理，处
理完毕会提示；
第二步：将钱箱从对应的位置取下

[Esc]取消    【编号】选择    【F6】退出登录    【Enter】确认
```

图8.32 卸下钱箱

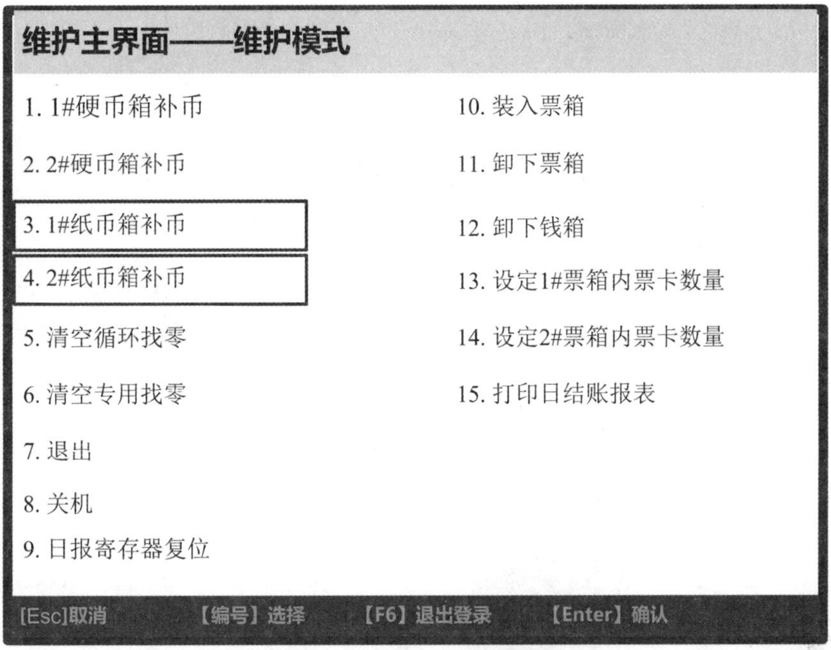

图 8.33 选择纸币补币箱

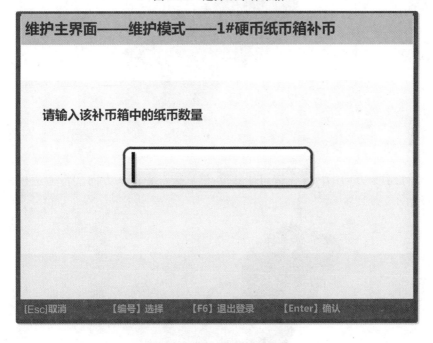

图 8.34 输入纸币补币数量

(2) 补币箱操作

① 取出补币箱,插入匹配的绿色钥匙,顺时针方向打开补币箱的保险锁,按下绿色按钮,同时用力往外拉补币箱的把手,将补币箱取出,如图 8.35 所示。

② 补币箱加币操作说明。

a. 插入匹配的黑色钥匙,逆时针打开补币箱锁,如图 8.36 所示。

图 8.35　取出补币箱　　　　　　　图 8.36　打开补币箱锁

b. 按箭头方向,往上掀开补币箱上盖,如图 8.37 所示。

图 8.37　打开补币箱上盖

c. 按绿色箭头方向①将绿色按钮往外拉,然后按红色箭头方向②将通道板往上掀开,如图 8.38 所示。

图 8.38　打开通道板

d. 按箭头方向下压压钞板,直到压钞板被压钞板锁扣扣上,压钞板到位,如图 8.39 所示。

e. 将整叠纸币堆叠整齐后,放入补币箱的压钞板上,注意以前挡板为基准,保证整叠纸币头部对齐前挡板,叠齐纸币并居中放置纸币,如图 8.40 所示。

f. 先用右手轻按压钞板的压点位置,然后用左手下压卡扣,让压钞板松脱后缓慢释放压钞板,压钞板在弹簧力作用下往上压紧纸币,如图 8.41 所示。

g. 合上补币箱上盖,用匹配的黑色钥匙顺时针锁上补币箱锁,完成补币箱加币,如图 8.42 所示。

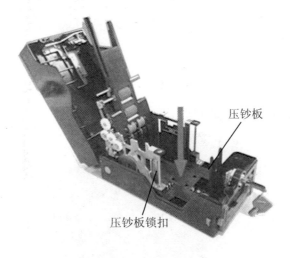

图 8.39 向下压压钞板

图 8.40 放入纸币

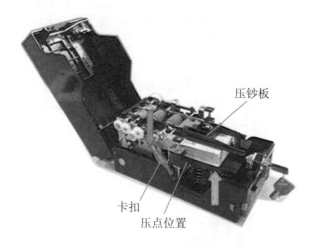

图 8.41　压紧纸币

图 8.42　合上补币箱上盖并上锁

8.3　半自动售(补)票机操作

8.3.1　半自动售(补)票机登录与退出操作

① 登录操作员账号及密码,即可进入 BOM 操作服务界面,如图 8.43 所示。

图 8.43 BOM 操作员登录界面

② 点击右侧登出选项即可退出 BOM 操作服务界面,如图 8.44 所示。

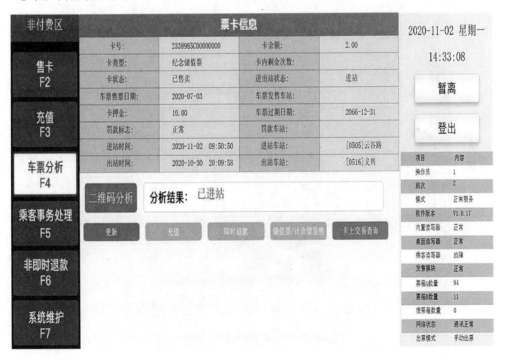

图 8.44 BOM 操作服务界面

8.3.2 乘客显示器更换操作

① 登出 BOM 系统关机,断开断路器总开关,如图 8.45 所示。

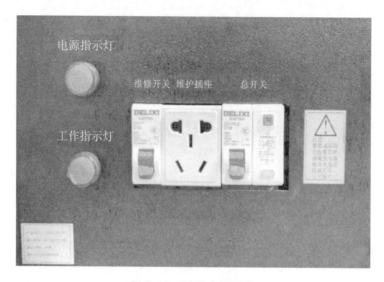

图 8.45 BOM 电源模块

② 拔掉电源和 VGA 线,更换新的乘客显示器,注意 VGA 线的接口是梯形,拔插过程中不要损伤针脚,如图 8.46 所示。

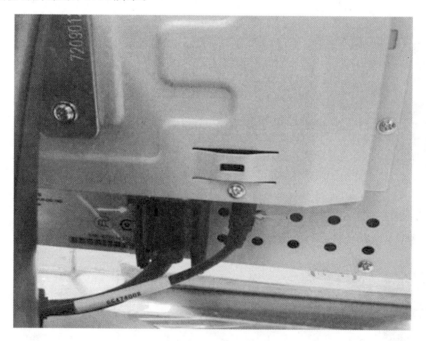

图 8.46 拔掉电源和 VGA

8.3.3 车票处理模块操作

同 8.2.3 小节 TVM 车票处理模块操作内容。

8.4 车站计算机系统操作

8.4.1 车站计算机软件更新

① 查询导入的软件文件,如图 8.47 所示。
② 导入设备软件,如图 8.48 所示。
③ 同步设备软件,如图 8.49 所示。

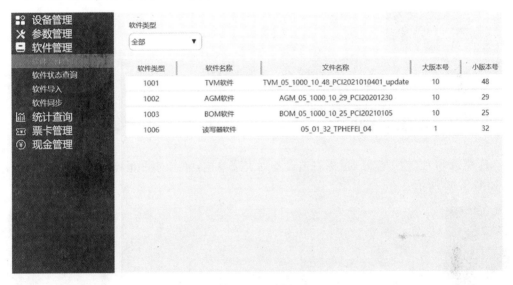

图 8.47 查询导入软件

图 8.48 导入设备软件

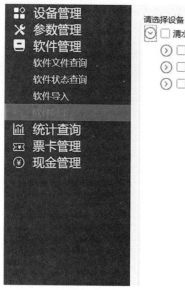

图 8.49　同步设备软件

8.4.2　系统时钟同步

① 登录 SC 监控工作站，鼠标右击设备列表菜单栏，弹出对话框，选择批量控制设备选项，如图 8.50 所示。

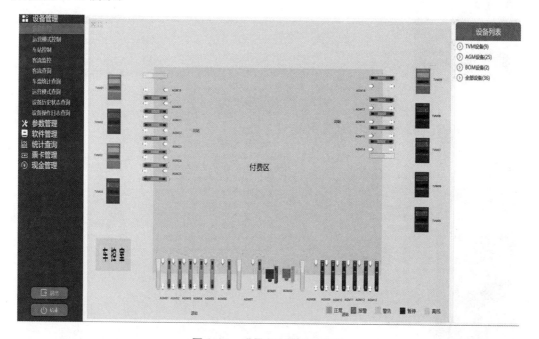

图 8.50　登录 SC 监控工作站

② 在左侧设备菜单下勾选需要时钟同步的设备，再点击右侧其他菜单里时钟同步，操作完成，如图 8.51 所示。

图 8.51 时钟同步

技 术 训 练

1. 简述票卡回收模块操作使用过程中有哪些注意事项。
2. 理解车站 AFC 终端设备组成,掌握车站 AFC 终端设备基本操作。
3. 熟悉 BOM 的基本操作。
4. 掌握如何用车站计算机实现系统时钟同步及软件更新。

第 9 章　城市轨道交通自动售检票系统典型故障处理

9.1　故障处理的行业现状

在自动检票闸机系统中，需要多串口应用，例如，车票自动吞吐口、非接触式 IC 卡、用于显示提示信息的显示屏、阻挡装置控制器、中心控制器、报警器等等，同时需要网口、USB 接口与系统终端进行信息通信。同理，在自动售票系统中，同样需要多串口应用，并且需要多模块协同工作以完成全自动售票功能，其中参与模块有主控单元、纸币模块、硬币模块、发卡模块、电源模块以及人机交互模块等。

合肥轨道 1、2、3 号线 AFC 系统设备一直坚持自主维修的模式，内容包括设备巡检、月度保养、故障处理、季度检修和年度检修等各种维修形态，并历经了设备运行、维修、改造、更新等全生命周期，已经形成了一整套完整且成熟的设备维修规程、标准和相关指引，并且在日常维修的基础上，建立完善了季度检、年检等具体项目，具备了深度自主维修的能力。合肥地铁自 2016 年 12 月 26 日开通以来，自主维修经验丰富，能够对各种故障进行快速反应，且能够自行处理较大系统故障或缺陷，保证设备可运行时间，对系统长远平稳发展具有深远影响。下面将分模块对 AFC 专业常见故障进行简单介绍，让大家了解 AFC 专业故障维修的基础知识与基本常识。

9.2　故障处理的准备工作

AFC 专业故障维修的实施成功，关键在于前期的准备充分，在 AFC 专业乃至整个机电维修行业中，都素有"七分准备、三分维修"的工作惯例；AFC 专业故障维修的前期准备，可以大致分为六大方面，分别有人员准备、方案准备、工器具准备、物料准备、安措准备以及挂牌准备。维修故障前的准备充分与否，决定着故障维修的安全、质量、进度等方面。所以故障处理前的准备工作是至关重要的。

(1) 人员准备

根据故障的类型以及故障的影响范围，需要班组对检修人员进行合理调配与安排，确保故障检修的质量与进度。

(2) 方案准备

根据调度发送的故障工单详情，检修值班人员确定现场设备的状态以及故障的影响范围，根据本专业维修作业标准，编制施工进度表，时刻关注故障维修进度，达到实时故障监控。最终完成车站到调度、调度到工班，工班再反馈给调度的闭环体系。

(3) 工器具准备

根据调度发送的故障工单，检修人员对故障情况作初步分析，确定该故障的故障类型及影响，选择合适的工器具赶往故障发生地对故障进行维修；此外，检修工班要对常规工器具与专用工器具进行规范管理，确保工器具的正常、正确与安全使用。

(4) 物料准备

检修故障时，故障原因有多种类型，部件的老化与损坏是常见现象，所以用备件更换损坏部件是解决故障的常用方法之一，备品备件的准备也是维修故障中不可或缺的一环，此外备品备件的出入库管理需遵循本专业物资管理规定，实现备品备件的定量化管理。

(5) 安措准备

AFC 专业涉及 220 V、380 V 等电气设备的检修，检修人员需持证上岗，作业前需穿戴好劳保用品，检修设备前需提前断电，断电后还需要用验电笔或万用表等工具对设备进行验电，验明无电后方可进行检修操作。

(6) 挂牌准备

AFC 专业终端设备的供电由配电房统一送电，当检修人员对配电箱内空开进行断电后需挂警示牌，警示牌内容可为"禁止合闸"，确保作业人员在现场作业时的人身安全。

9.3 故障处理的一般流程

① AFC 专业调度接报车站提报的故障信息，首先需要判断是否为本专业故障，若为本专业故障，则需根据故障影响范围来确定故障等级，针对不同等级的故障，检修工班需采取不同的检修及响应方式。

② 当检修工班接收到生产调度发送来的故障后，检修工班人员需及时记录故障发生时间、地点以及故障现象，并合理安排人员前往现场进行维修。

③ 当工班人员到达现场后，需第一时间与车控室人员取得联系并登记，后向车站值班人员详细了解设备故障情况，作出初步判断，并前往故障设备进行维修。若故障影响范围较大，检修人员还需同步回馈生产调度故障维修进度。

④ 维修人员在维修过程中应按照本专业设备维修规程以及故障处理的一般原则对故障设备进行故障排除。

⑤ 检修结束后，检修人员需对设备进行各项功能测试，确保设备已恢复正常运行，并遵循工完场清的维修准则，随后向车控室及生产调度室汇报故障原因和故障处理结果。同时，检修工班应对故障进行记录和总结。

⑥ 故障处理的一般原则：处理故障时，以"先通后复"为原则，以不影响列车正常运行

为原则。处理故障过程中应严格遵守各项安全制度,严禁违规操作。应注意及时向调度或领导汇报故障处理的情况与进度。

AFC专业故障处理流程图,如图9.1所示。

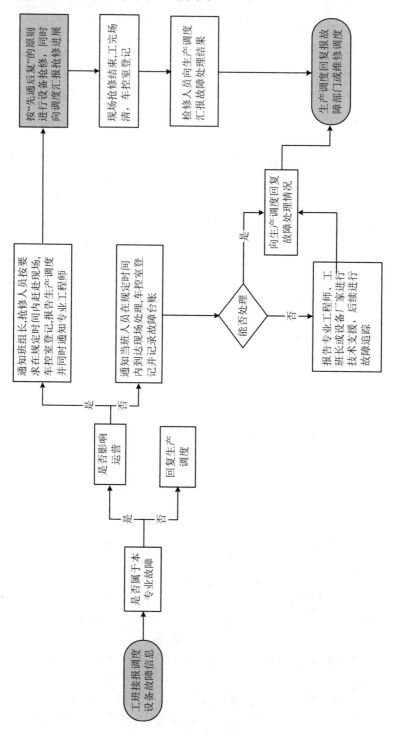

图 9.1　AFC专业故障处理流程图

9.4 自动检票机故障及处理

9.4.1 自动检票机故障排查

1. 设备简介

自动检票机安装在付费与非付费交界区,乘客借助自动检票机自主检票进站或出站。自动检票机适用于接收城市轨道交通专用车票和一卡通车票,并满足乘客右手持票快速通过的需求。单程票检票采用照入插出方式,即进站自动检票机采用外部感应方式;出站自动检票机采用插入感应方式以供回收。进站自动检票机和出站自动检票机检票,均采用外部感应方式。自动检票机主要包括:主控单元、乘客显示器、扇门模块、方向指示器、警示灯、蜂鸣器、读写器及天线盘、乘客通信控制单元、票卡回收模块、维护键盘/移动维护终端接口、I/O集线板、紧急信号控制模块、UPS及电源模块、金属盖板中门外壳等。若自动检票机发生故障,则根据其工作状态及现象即可快速判断故障所处位置并进行处理。

2. 排查方法

方法一:对比法,通过故障闸机与其相邻正常闸机的对比即可发现绝大多数故障所在处。在处理之前,切忌不要盲目上手,要先观察故障现象,因为确立一个清晰的处理思路是维修故障过程中的重要一环。

方法二:排除法,通过对故障现象的初步分析后,可以通过闸机各模块的作用与原理进行故障点排除,排除至最后一个后,故障原因自然浮出水面。

3. 常见故障现象

扇门常开、乘客显示器黑屏、暂停服务、读写器故障、回收装置通道内卡票故障、传感器故障等等。

9.4.2 回收装置故障及处理

(1) 故障类型

闸机单程票回收模块故障。

(2) 故障现象

投票口指示灯亮红灯,闸机乘客显示器显示只使用储值票,乘客在该通道无法正常通过单程票实现过闸。

图 9.2 投票口指示灯亮红灯

(3) 故障分析

通道内卡一张弯折的单程票;弯折单程票无法通过传输通道正确进入回收模块的票箱,原因是由于票卡的弯折,使该弯折票卡在传输通道内滞留,该弯折票卡遮挡了通道内的对射传感器,传感器将此信息传递给闸机的工控机,使闸机最终完成对通道卡票的判断,从而表现出投票口指示灯亮红灯的故障现象,如图 9.3 所示。

图 9.3 通道卡票

(4) 故障处理流程

① 打开维护门,通过维护终端登入设备维护菜单,首先登录工号密码进入设备管理界面(此处以合肥轨道 2 号线 AGM 为例),如图 9.4 所示。

图 9.4　登录界面

② 用小键盘选择选项 5 测试自检，进入下一级子菜单，如图 9.5 所示。

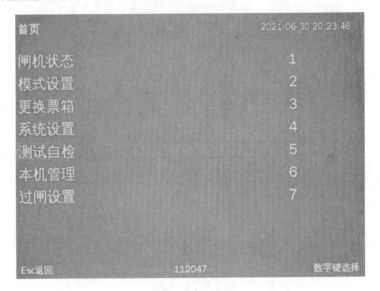

图 9.5　测试自检

③ 在车票回收模块测试中，可以通过维护界面看到车票回收模块的所有电气元件的状态及报错。若回收通道内卡票，则会有传感器报错，显示异常，如图 9.6 所示。

④ 若单程票回收模块通道内卡票，则维修人员可将闸机回收模块上盖板打开，通过转动通道内手动转轮，利用主动皮带将弯折票卡带动至投票口并顺势取出弯折票卡，待票卡取出后选择菜单中的 1 初始化，初始化闸机回收模块，并测试闸机各项功能是否正常。正常后将闸机恢复正常服务模式，回复调度及车控室后方可离开现场，如图 9.7 所示。

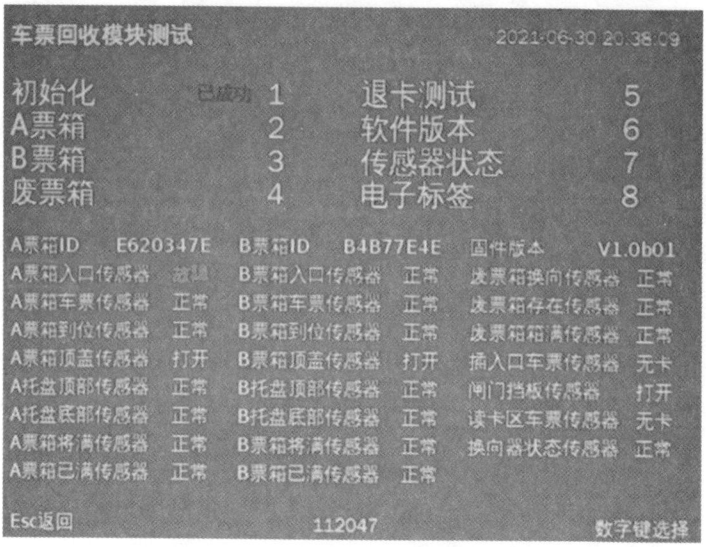

图 9.6 车票回收模块测试

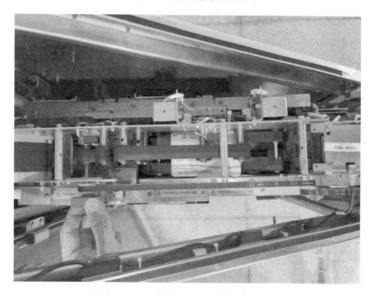

图 9.7 取出票卡

(5) 注意事项

对设备进行检修操作前,需提前向车控室报备,检修完成后需保证设备正常,检修期间需在作业区域放置警示牌。

(6) 维修用工器具

设备钥匙、万用表、螺丝刀、尖嘴钳。

(7) 故障影响

单台设备无法正常运行,影响该自动检票机阵列的整体进出站效率,若此故障发生在早晚高峰期间,严重时可能会导致站厅拥堵,影响交通运营。

9.4.3 升降装置故障及处理

(1) 故障类型

闸机单程票回收模块故障。

(2) 故障现象

投票口指示灯亮红灯(图9.8),闸机乘客显示器显示票箱满,回收模块无法正常复位,乘客无法投入单程票进行正常过闸。

图9.8 投票口指示灯亮红灯

(3) 故障分析

闸机回收模块的票箱升降电机损坏(图9.9);由于闸机乘客显示器显示票箱满,可初步判断是否是闸机票卡数据输入有误,若非数据输入有误,则继续检查回收模块各部件功能是否正常,最终可得出故障原因为闸机回收模块的票箱升降电机损坏。

图9.9 升降电机异常

(4) 故障处理

① 打开维护门,通过维护终端登入设备维护菜单,首先登录工号密码进入设备管理界面(此处以合肥轨道 2 号线 AGM 为例),如图 9.10 所示。

图 9.10 登录界面

② 用小键盘选择选项 5 测试自检,进入下一级子菜单。继续选择 6 车票回收模块测试,如图 9.11 所示。

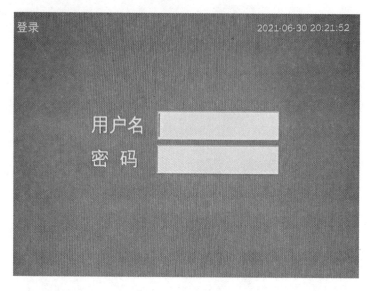

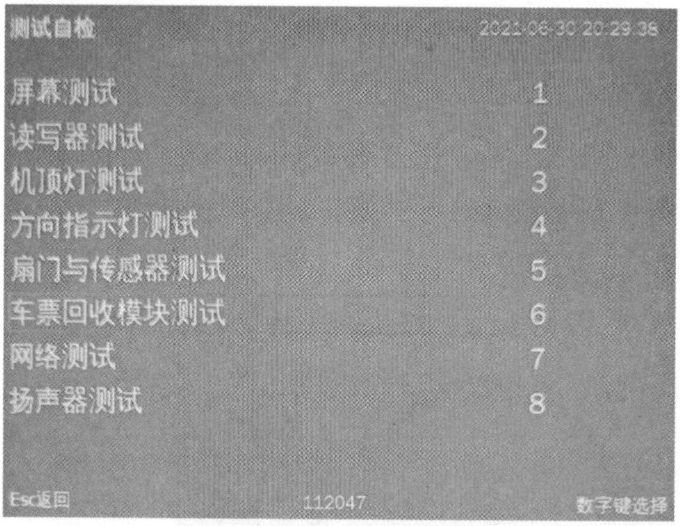

图 9.11 车票回收模块测试

③ 选择菜单中的 1 初始化(图 9.12),初始化闸机回收模块,复位回收模块,票箱升降电机此时自检无反应,即回收模块票箱电机无法正常运行,可初步判断票箱升降电机损坏。

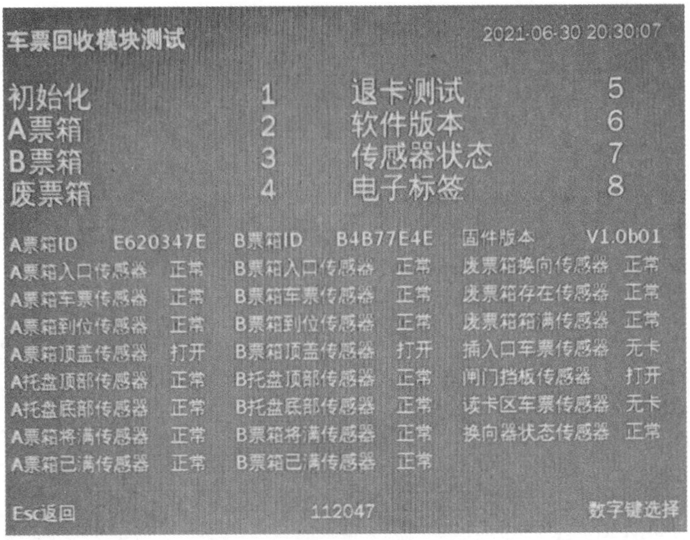

图 9.12 初始化

④ 在得到初步判断结果后,可进一步将闸机 A 的回收模块票箱升降电机与闸机 B 的回收模块票箱升降电机对调,若故障转移,则可得故障原因为闸机 A 的票箱升降电机损坏,拆卸闸机 A 的损坏电机,安装新的电机,安装完成后复位闸机回收模块,并测试闸机各项功能是否正常,正常后将闸机恢复至正常服务模式,回复调度及车控室后方可离开现场。

(5) 注意事项

更换电机前,需对设备进行验电,验明无电后方可操作;更换电机备件后,需做好备品备件登记;检修时注意尖锐工器具的使用,保证检修人员的人身安全。

(6) 维修用工器具

设备钥匙、万用表、螺丝刀、尖嘴钳、斜口钳。

(7) 故障影响

单台设备无法正常运行,影响该自动检票机阵列的整体进出站效率,若此故障发生在早晚高峰期间,严重时可能会导致站厅拥堵,影响交通运营。

9.4.4 声光报警故障及处理

(1) 故障类型

自动检票机辅助硬件故障。

(2) 故障现象

自动检票机机顶灯不亮(图 9.13);当乘客用不同类型的票卡过闸,乘客无法得到反馈,声光提示不明显。

(3) 故障分析

机顶灯不亮的故障原因可以分为三种:第一种就是机顶灯电源线损坏或短路;第二种是机顶灯板短路导致灯板损坏;第三种是机顶灯连接控制板的信号线损坏,机顶灯无信号输入导致机顶灯不亮。

图 9.13　机顶灯异常

(4) 故障处理

① 打开维护门,通过维护终端登入设备维护菜单。首先登录工号密码,进入设备管理界面(此处以合肥轨道 2 号线 AGM 为例),如图 9.14 所示。

图 9.14　登录界面

② 用小键盘选择选项 5 测试自检进入下一级子菜单,继续选择 3 机顶灯测试,如图 9.15 所示。

③ 在菜单机顶灯测试中,选择 1 开始测试,确认闸机机顶灯所有颜色闪烁是否正确,如图 9.16 所示。

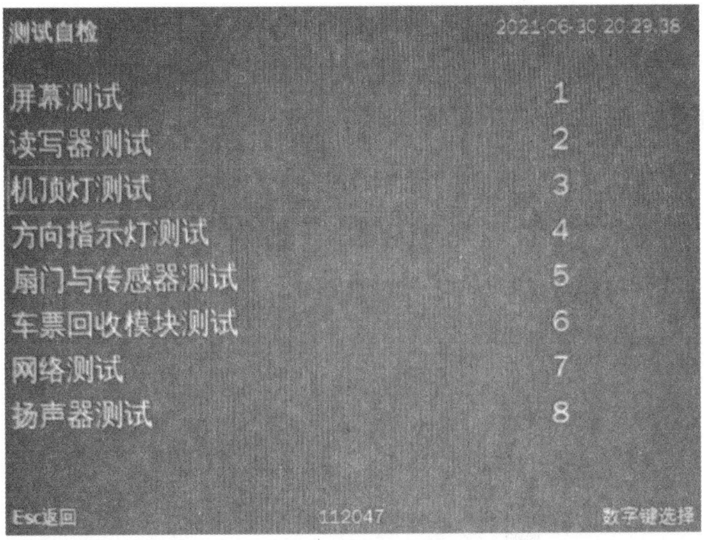

第9章 城市轨道交通自动售检票系统典型故障处理

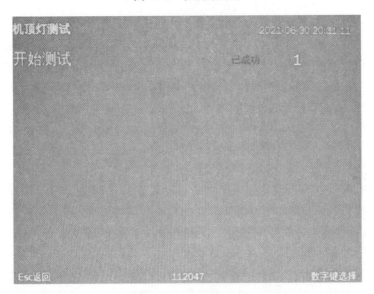

图 9.15 机顶灯测试

图 9.16 开始测试

④ 测试完成后,首先通过万用表直流电压挡测量机顶灯正负极,看是否有电压,若有,则排除机顶灯电源线损坏;然后通过万用表电阻挡测量机顶灯板上焊点,若测出短路,则说明机顶灯板损坏;若无短路情况发生,还可以通过更换信号线进一步判断故障原因,更换新的信号线后,若机顶灯可正常亮起,则说明机顶灯信号线损坏,进而得出故障原因。若为机顶灯灯板损坏,则更换新的机顶灯板;若为机顶灯电源线损坏,同理,仍可用上述相同处理方法处理。安装完成后测试机顶灯各项功能,正常后将闸机恢复至正常服务模式,回复调度及车控室后方可离开现场。

(5) 注意事项

更换机顶灯前,需对设备进行验电,验明无电后方可操作;更换备件后,需做好备品备件登记;检修时注意尖锐工器具的使用,保证检修人员的人身安全。

(6) 维修用工器具

设备钥匙、万用表、螺丝刀、尖嘴钳。

(7) 故障影响

单台设备可以正常运行,但是有部分功能缺失,影响部分乘客进出站效率。

9.5 自动售票机故障及处理

9.5.1 自动售票机故障排查

1. 设备简介

自动售票机设于车站非付费区,用于乘客自助式购买单程票并可对储值票进行充值,是车站局域网的节点成员,其主控单元配备 10/100 M 自适应以太网控制器,通过 TCP/IP 协议与车站计算机通信,上报状态至 SC,从 SC 可以监视自动售票机的运行状态。自动售票机在状态发生变化后,将在 2 秒钟内将状态传送到 SC。如果状态在一段时间内没有发生变化,自动售票机将在参数规定的时间内上报状态。

自动售票机可接收硬币、纸币以及二维码扫码支付等支付方式,并在乘客售票操作时能以硬币、纸币形式找零;对于充值操作无找零功能。票卡模块可将系统设定参数范围内的车票进行分拣并回收,对将要发售的车票进行检测,对符合发售条件的车票赋值发售,对系统设定回收的车票分拣并回收到废票箱。自动售票机采用前、后开门维修方式,内部配备照明以方便操作和维修,考虑了电气部件和模块的散热设计,保证其在轨道交通环境下的运行,同时避免外壳过热而影响工作人员操作和乘客的使用。除非特殊情况,所有散热均采用自然散热。

合肥轨道 1、2、3 号线自动售票机(TVM)的主控制单元通过串口连接纸币处理模块、纸币找零模块(1 号线)、维护面板、票卡发售模块及控制单元(机芯控制板)、硬币处理模块和运营状态显示屏、读卡器模块等。其工作方法为:各个模块将自己的状态汇报给主控单元,主控单元驱动各部件协调工作,完成售票、充值等交易功能。

2. 常见故障现象

有无法传输单程票、无法充值、拒收纸币、拒收硬币、暂无找零、设备离线等故障。在各模块发生故障时,各模块通过与上位机的联系,自动售票机运营状态显示屏可以呈现相应的状态描述,如表 9.1 所示(以合肥轨道 2 号线 TVM 为例)。

表 9.1　运营状态显示屏界面描述

序号	TVM 工作状态	乘客操作显示屏	运营状态显示屏
1	正常服务模式	正常服务/可操作	正常服务
2	暂停服务模式	暂停服务/不可操作	暂停服务
3	维修模式	暂停服务/不可操作	暂停服务
4	受限模式	购票区域不可操作/充值区域可操作	只充值
5	受限模式	购票区域可操作/充值区域不可操作	只售单程票
6	受限模式	正常服务/可操作	只使用纸币
7	受限模式	正常服务/可操作	只使用硬币
8	受限模式	正常服务/可操作	本机无找零
9	受限模式	正常服务/可操作	只使用移动支付

9.5.2　纸币处理模块故障及处理

(1) 故障类型

纸币模块故障,如图 9.17 所示。

图 9.17　纸币模块故障

(2) 故障现象

拒收纸币;纸币模块前面板指示灯显红;自动售票机运营状态显示屏显示只使用硬币。

(3) 故障分析

当纸币模块发生故障时,纸币模块前面板指示灯会显红,造成该现象的故障原因有很多,此处列举比较典型的故障原因之一,即纸币模块传输通道卡币,如图 9.18 所示。纸币模块是自动售票机的重要组成部分,是对纸币进行鉴别真伪、接收和找零的全自动机械模块,其中纸币传输通道是纸币模块的重要组成部分,当纸币模块传输通道卡纸币后,该纸币遮挡传输通道传感器,使纸币模块无法正常复位,导致纸币模块故障。

图 9.18　纸币模块传输通道卡币

(4) 故障处理

① 打开维护门,通过维护终端登入设备维护菜单。首先登录工号密码,进入设备管理界面(此处以合肥轨道 2 号线 TVM 为例),如图 9.19 所示。

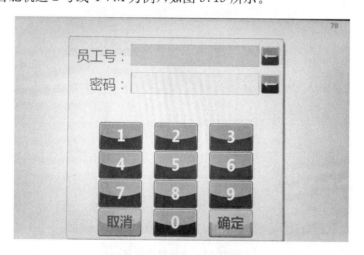

图 9.19　登入设备维护菜单

② 左侧区域为主菜单界面,右侧区域为子菜单,当纸币模块发生异常时,纸币接收模块状态栏会显示红色报警状态,如图 9.20 所示。

③ 若传输通道内卡纸币,则维修面板会显示纸币模块硬件故障,然后通过登录自动售票机内安装的纸币模块测试工具 App 对纸币模块中各部件详细情况的查询及测试可得到纸币模块中具体哪一部分的零部件出现故障,并通过纸币支持工具的提示找出卡币位置,然后拆解纸币模块主模块,取出传输通道内的卡币,如图 9.21 所示。

④ 最后重新安装纸币模块,安装完成后测试纸币模块各项功能,正常后将自动售票机调至正常服务模式,如图 9.22 所示。

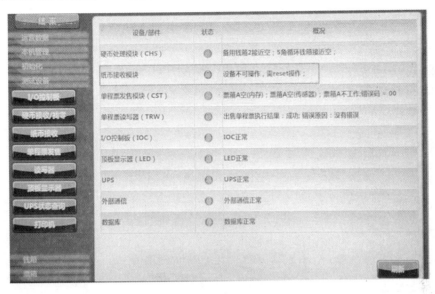

图 9.20　菜单界面

图 9.21　检查卡币位置

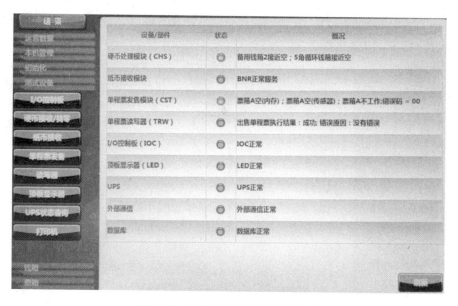

图 9.22　设备初始化及功能性测试

(5) 注意事项

拆解纸币模块前,需对纸币模块进行断电,验明无电后方可操作;在涉及有钱款及票款的故障时,需在车站人员陪同下完成故障维修。

(6) 维修用工器具

设备钥匙、电笔、螺丝刀、尖嘴钳。

(7) 故障影响

TVM 可以正常运行,但是纸币接收功能缺失,实际情况表现为纸币模块不收纸币,仅可用硬币和二维码购票,属于受限模式,影响乘客的正常购票。

9.5.3　硬币模块故障及处理

(1) 故障类型

硬币模块故障。

(2) 故障现象

硬币模块无法接收硬币和不支持硬币找零,自动售票机运营状态显示屏显示只使用纸币。

(3) 故障分析

导致硬币模块不接收硬币的故障原因有很多,此处列举比较典型的故障原因之一,即硬币模块识别部卡一元异形币(硬币上有胶带、胶水;硬币被破坏,有轻微变形或者有毛刺等),在异形币进入识别器通道时卡住而导致设备报故障,如图 9.23 所示。其他故障原因有硬币口卡币,如图 9.24 所示。

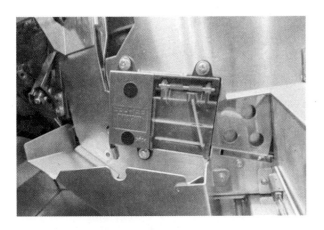
图 9.23 硬币识别部卡币

图 9.24 硬币投币口卡币

(4) 故障处理

① 首先登录工号密码,进入设备管理界面(此处以合肥轨道 2 号线 TVM 为例),如图 9.25 所示。

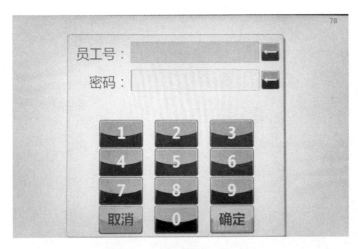
图 9.25 登入设备维护菜单

② 测试硬币模块,若传输通道内卡硬币,则维修面板会显示硬币模块硬件故障,如图 9.26 所示。

③ 依次检查投币口、暂存斗、循环找零弹出部、硬币识别部、退币通道等部位,若发现卡币则取出,取出后复位硬币模块,如图 9.27 所示。

④ 测试硬币模块各项功能,正常后将自动售票机恢复至正常服务模式,如图 9.28 所示。

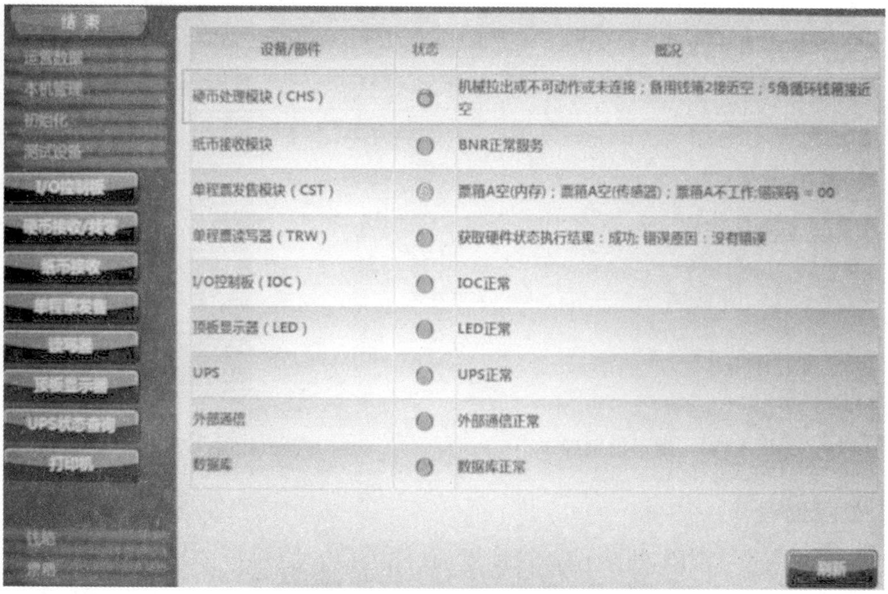

设备/部件	状态	概况
硬币处理模块（CHS）	●	机械拉出或不可动作或未连接；备用钱箱2接近空；5角循环钱箱接近空
纸币接收模块	●	BNR正常服务
单程票发售模块（CST）	●	票箱A空(内存)；票箱A空(传感器)；票箱A不工作；错误码 = 00
单程票读写器（TRW）	●	获取硬件状态执行结果：成功；错误原因：没有错误
I/O控制板（IOC）	●	IOC正常
顶板显示器（LED）	●	LED正常
UPS	●	UPS正常
外部通信	●	外部通信正常
数据库	●	数据库正常

图 9.26 测试硬币模块

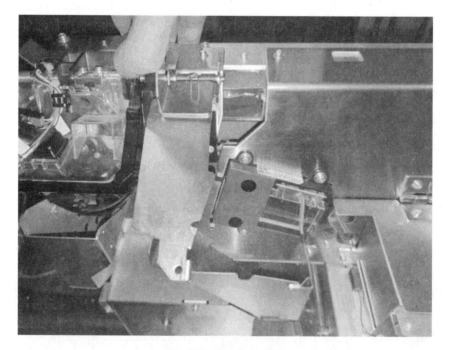

图 9.27 检查卡币位置

图9.28 硬币模块功能性测试

(5) 注意事项

硬币模块较为精密,在寻找卡币时需注意对各模块操作时的力度大小,防止造成人为故障。在涉及有钱款及票款的故障时,需在车站人员陪同下完成故障维修。

(6) 维修用工器具

设备钥匙、电笔、螺丝刀。

(7) 故障影响

TVM可以正常运行,但是硬币接收功能缺失,实际情况表现为不收硬币,仅可用纸币和二维码购票,属于受限模式,影响乘客的正常购票。

9.5.4 发卡模块故障及处理

(1) 故障类型

自动售票机发卡模块故障。

(2) 故障现象

自动售票机发卡模块发售单程票失败,自动售票机运营状态显示屏显示只充值,如图9.29所示。

(3) 故障分析

当发卡模块发生故障时,发卡模块无法正确发售单程票,造成该现象的故障原因有很多,此处列举比较典型的故障原因之一,即发卡模块刮票轮损坏:在正常情况下,发卡模块电机带动刮票轮转动,票卡会在刮票轮的带动下实现票卡的发售,若发卡模块刮票轮损坏,则刮票轮无法正确带动票卡,即票卡发售失败,使发卡模块报故障。

图 9.29 发卡模块异常

(4) 故障处理

① 首先登录工号密码,进入设备管理界面,如图 9.30 所示。

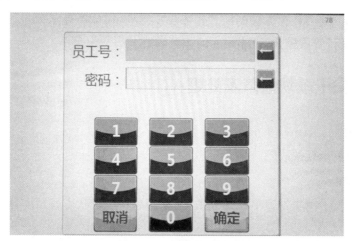

图 9.30 登入设备维护菜单

② 测试发卡模块发票功能。若发卡模块存在问题,则维护面板会显示报警状态,如图 9.31 所示。

③ 依次检查发卡通道、票箱以及刮票轮等,直至发现故障点。发现故障点后,重新安装新的刮票轮。

④ 安装完成后测试发卡模块各项功能,正常后将自动售票机恢复至正常服务模式,如图 9.32 所示。

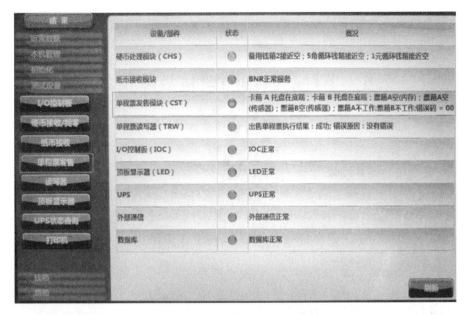

图 9.31 测试发卡模块发票功能

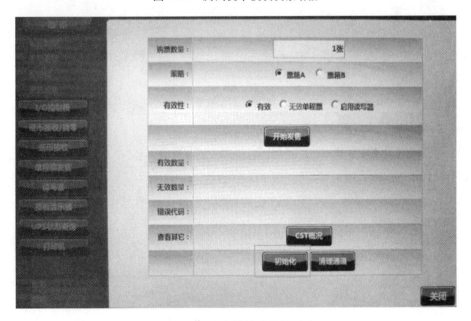

图 9.32 发卡模块功能性测试

(5) 注意事项

拆解发卡模块前,需对发卡模块进行断电,验明无电后方可操作。发卡模块组成部件较为精密,拆解时需提前准备好收纳盒进行零件收纳。

(6) 维修用工器具

设备钥匙、电笔、螺丝刀、尖嘴钳、卡簧钳、强磁拾取器、收纳盒。

(7) 故障影响

单台 TVM 售卖单程票功能无法使用,仅可充值合肥轨道发行的储值票,属于受限模式,影响乘客的正常购票。

9.6 半自动售(补)票机故障及处理

(1) 故障类型

BOM 辅助模块硬件故障。

(2) 故障现象

半自动售票机乘客显示器黑屏。

(3) 故障分析

BOM 乘客显示器黑屏,此故障多数故障原因为该显示器电源线虚接导致的屏幕不亮。此外,若显示器损坏,验证方法为将一台 BOM 的两台乘客显示器对调;若故障转移,则说明故障原因为乘客显示器损坏导致的。

(4) 故障处理

将 BOM 的乘客显示器电源线与信号线重新拔插并紧固,若没有效果,则继续查看该显示器电源线另一端是否连接正常;若还无法解决故障,则更换显示器,方可解决。

(5) 注意事项

对设备进行定期的巡检,保证每一次的巡检落实到位,时刻维护设备的正常运行。

(6) 维修用工器具

设备钥匙、电笔、螺丝刀。

(7) 故障影响

单台 BOM 乘客自助查询功能无法使用,仅可通过操作员显示器进行查询,属于受限模式,影响乘客的正常票务事项处理。

9.7 车站计算机外围设备故障及处理

(1) 故障类型

车站计算机系统服务器硬件故障。

(2) 故障现象

SC 交易日志无法上传,服务器内存指示灯报警,如图 9.33 所示。

图 9.33 车站计算机状态显示

(3) 故障分析

服务器内存条损坏。

(4) 故障处理

到达故障现场后,检修人员查看服务器面板内存指示灯报警,随后将服务器进行手动关机,并断开服务器电源,按服务器拆解流程对服务器进行拆解,更换服务器内存条后,重启服务器,服务器恢复正常。

(5) 注意事项

对服务器进行每日定期巡检;拆解服务器时需合理使用工器具,确保不对服务器造成二次伤害。在重启服务器后,需查看服务器各项进程是否均启动成功。

(6) 维修用工器具

电笔、螺丝刀。

(7) 故障影响

全站终端设备日志及交易记录无法上传至车站 SC,本站交易记录同时也无法统计并上传至 LC，LC 收益数据无法统计，故障影响范围较大。

技 术 训 练

1. 若自动检票机通道指示牌故障，尝试提出解决方法。
2. 若自动售票机卡票故障，尝试提出解决方法。
3. 半自动售（检）票机还可能发生哪些故障？尝试举例并提出解决方法。

第10章　城市轨道交通自动售检票系统检修

10.1　自动售检票系统检修工器具

10.1.1　检修工具

在日常检修中经常使用对纸币模块、硬币模块、发卡模块、回收模块、电源模块等进行维修的工具，大致有以下几种：

1. 长柄螺丝刀套件

长柄螺丝刀套件常用于维修回收模块、发卡模块、硬币模块等，主要用于狭小部位螺丝的拆卸安装，例如，发卡模块的对射光感拆装，票箱电机的拆装，回收模块电磁阀拆卸调整，硬币回收箱、硬币循环找零钱箱、硬币补币箱箱体架构的拆装等，如图10.1所示。

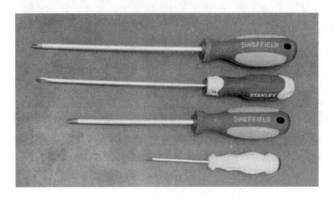

图 10.1　长柄螺丝刀套件

2. 短柄螺丝刀套件

短柄螺丝刀套件常用于维修硬币模块、发卡模块、回收模块，主要用于拆卸模块外壳和框架，如图10.2所示。在使用时应注意方法，避免造成因使用不当导致的螺丝滑丝。

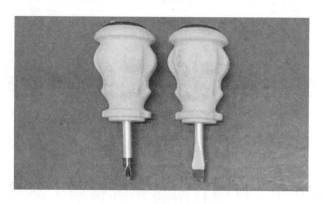

图 10.2　短柄螺丝刀套件

3. 尖嘴钳

尖嘴钳常用于各模块上的卡簧安装,以及矫正一些软体金属变形等,还可用于剪切线径较细的单股与多股线,给单股导线接头弯圈、剥塑料绝缘层等,如图 10.3 所示。

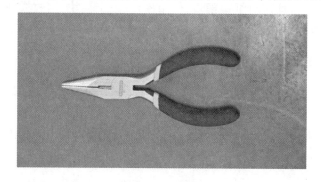

图 10.3　尖嘴钳

4. 斜口钳

斜口钳常用于剪切导线、元器件多余的引线,还常用来代替一般剪刀剪切绝缘套管、尼龙扎线等,如图 10.4 所示。斜口钳的刀口可以用来剖切软电线的橡皮或塑料绝缘层,在剪切较硬导线或铁丝时,应用刀刃绕表面来回切割,切勿用来剪切坚硬物体,防止钳子崩牙和损坏。

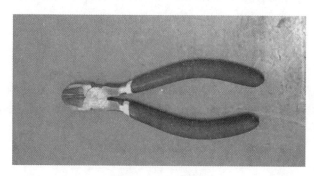

图 10.4　斜口钳

5. 螺帽螺丝批套件

螺帽螺丝批套件常用于各模块内六角螺帽的紧固,例如,发卡模块发卡位置的调整,偏心轮和压轮的微调;回收模块皮带的更换需要调松偏心轮后更换,一般使用 7 mm 工具,如图 10.5 所示。

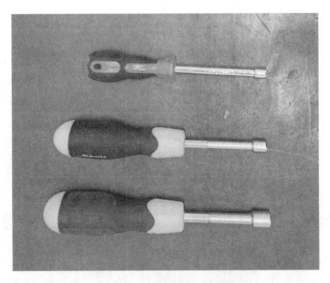

图 10.5　螺帽螺丝批套件

6. 长内六角扳手套件

长内六角扳手套件常用于扇门的拆卸安装和内六角螺丝的禁锢。内六角螺丝与扳手之间有六个接触面,受力充分且不容易损坏,根据不同内径大小的内六角螺丝选择对应的扳手使用,如图 10.6 所示。

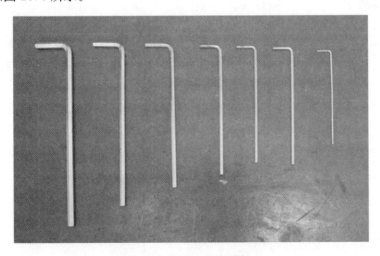

图 10.6　长内六角扳手套件

7. 双开扳手套件

双开扳手套件常用于扇门的拆装及禁锢。在使用扳手时应选择与螺栓或螺母相对应的扳手型号，使用时应与螺栓或螺母的平面保持水平，以免用力时扳手滑出伤人，如图10.7所示。

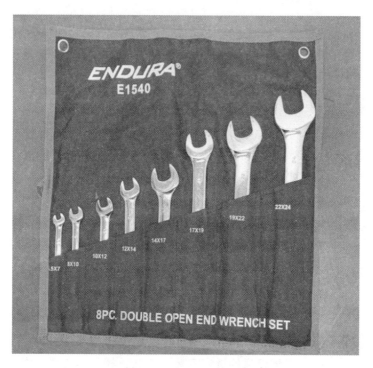

图 10.7 双开扳手套件

8. 活动扳手

活动扳手常用在扇门模块及紧固机芯框架，其开口宽度可在一定范围内调节，是用来紧固和起松不同规格的螺母和螺栓的一种工具，如图10.8所示。

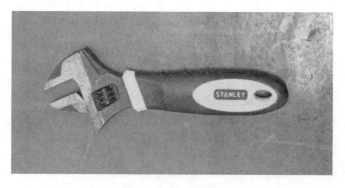

图 10.8 活动扳手

9. 防静电手腕带

防静电手腕带是一种佩戴于人体手腕上、泄放人体聚积静电电荷的器件,主要由防静电松紧带、活动按扣、弹簧软线、保护电阻及夹头组成,如图 10.9 所示。使用时腕带与皮肤接触,并确保接地线直接接地,这样才能发挥最大功效。

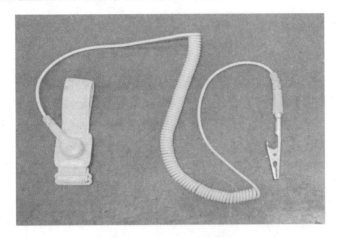

图 10.9　防静电手腕带

10. 可弯式磁性捡拾器

可弯式磁性捡拾器主要适用于地面搜寻、捡取铁质物品及清理地面铁渣,例如,捡拾掉落狭小位置的卡簧螺丝螺母等;部分像垫片一类的金属薄片,若掉落在地板上可能会因为反光导致肉眼无法找寻,此时可用捡拾器搜寻,如图 10.10 所示。

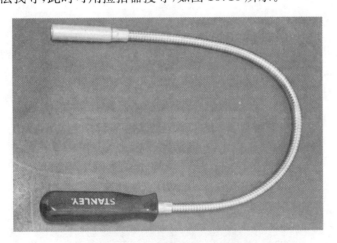

图 10.10　可弯式磁性捡拾器

11. 便携式万用表

万用表常用来进行电阻检测、电流检测、电压检测等,日常进行维修空气开关、电源模块时,断电后应进行电流电压检测,确保完全断电后方可检修。在使用万用表进行测量时,一定要检查测量挡位是否正确,以免造成万用表损坏,如图 10.11 所示。

图 10.11　便携式万用表

10.1.2　检修器具

1. 光纤测试笔

光纤测试笔的原理是通过恒流源驱动发射出稳定的红光,与光接口连接进入光纤,从而实现光纤故障检测、寻找光纤线路的功能,如图 10.12 所示。在 AFC 年检、季检和大面积离线故障时起到关键性作用。

图 10.12　光纤测试笔

2. 空气压缩机

空气压缩机简称空压机,是一种能够压缩空气、加强风压的小型维修器具,如图 10.13 所示。在日常保养中主要用于给各设备清洁表面浮灰和内部积灰,使用时避免碰到机器外壳而被烫伤。因为空压机工作时噪声很大,所以一般在夜间季检或年检施工中使用。

图 10.13　空气压缩机

3. 吸吹风机

吸吹风机主要在一些人群拥挤场所使用,可吸出设备内灰尘,减少保养时的扬尘,如图 10.14 所示。

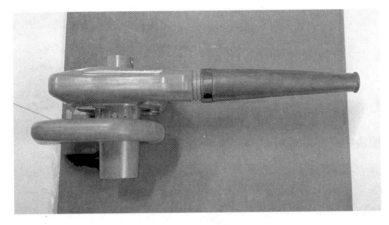

图 10.14 吸吹风机

4. 网线测试仪

网线测试仪是一种可以检测 OSI 模型定义的物理层、数据链路层、网络层运行状况的便携、可视的智能检测设备,主要适用于局域网故障检测、维护和综合布线施工中。在制作网线后,需要进行网线通断检测,如图 10.15 所示。

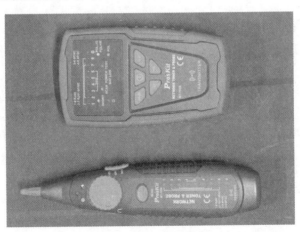

图 10.15 网线测试仪

10.2 自动售检票系统安全规定

10.2.1 安全操作规定、设备各部件操作规定

1. TVM 安全操作规定

(1) 单元模块的推合和拖出

不能将手指伸进孔洞或横梁进行单元模块推合或拖出动作,推合或拖出单元模块时应当在有绿色标签指示处用力。

(2) 硬币模块

在单元模块通电时不能用手触摸金属硬币鼓,在断电或上电时不能将手指放在投币口。

(3) 纸币模块

在拆卸纸币钱箱或从纸币钱箱取钱时注意不要被钱箱弹簧夹伤;在关闭纸币钱箱时注意不要将手指伸入纸币钱箱的压币口,以防被压币口挡板夹伤;推合纸币钱箱时应确保压币推杆已经归位。

(4) 票卡发售模块

① 将票箱的抬升杆把手退至底部后确保把手锁定,防止把手弹起伤人,不要随意触摸票卡发售模块背后的弹簧以免被夹伤。

② 客运值班员或检修人员打开 TVM 检修门后,应正确输入操作员账号和密码,并确认登录成功。

③ 严禁在运营期间检修人员通过 SC 对 TVM 硬币钱箱(包括循环模块)进行远程清币操作,若确实需要清币,应与客运值班员保持沟通,做好设备清币警示提醒工作。

2. AGM 安全操作规定

对闸机的检修、保养均需双人作业,且要求一人作业一人防护,防护人员必须在作业人员完成并离开设备后,方能离开防护区。

(1) 票卡回收模块

① 取票箱和安装票箱时应先确保票箱内的票卡抬升模块和模块抬升杆已经归位到底。

② 在设备有电时禁止触碰票卡回收模块。

(2) 扇门模块

① 检修扇门模块时应将扇门模块的电源切断,等待扇门机构完全停止后才能进行操

作,以防机构弹回将检修人员打伤。

② 宽通道扇门模块具有与普通扇门模块不同的齿轮机构,在运动时会夹伤人员造成严重的伤害。在进行宽通道扇门模块的操作时应特别注意不要靠近或跨越宽通道扇门模块齿轮机构的工作区域。

③ UPS 及开关电源内部有高压,严禁非专业人员拆解。

3. BOM 安全操作规定

(1) 模块的推合与拖出

① 不能将手指伸入孔洞或横梁进行将单元模块推合或拖出的动作;

② 推合或开启单元模块时手应当在有绿色标签指示处用力。

③ UPS 及开关电源内部有高压,严禁非专业人员拆解。

(2) 票卡发售模块

① 将票箱的抬升杆把手退至底部后确保把手锁定,防止把手弹起伤人。

② 不要随意触摸票卡发售模块背后的弹簧,以免夹伤。

4. SC 安全操作规定

① 机构维护时,需做好电路控制板的保护。

② 机构拆装维护时,需重新调试各构件运作情况是否符合各项使用要求。

③ 如发现机构中易损件提前老化或失效,需及时更换、维护。

④ 对多次拆装的电缆接线端子,如有更换,需严格参照相关技术协议说明。

⑤ 开关电源检修和使用时,严禁带电插拔。

⑥ 故障处理过程中更换的结构件,其技术参数需符合相关规定。

⑦ 故障处理过程中若发现即将失效的结构件,需及时提出更换,其技术参数需符合初始设计或相关规定要求。

⑧ 故障处理过程中,在拆装结构构件时,需严格按照相关拆装顺序,严禁拆卸损伤有效件、装配遗漏结构件。

⑨ 机构重装时,需详细检查各组成结构件之间安装固定或穿插连接是否符合相关规定要求。

⑩ 故障处理完成后,需测试正常后方可交付使用。

10.2.2 检修安全规定

安全是衡量 AFC 设备运行检修工作水平的重要标志之一,AFC 专业作业人员应牢固树立"安全第一,预防为主,综合治理"的生产方针,严格执行各项安全规章制度,落实安全防范措施,确保系统设备安全、操作环境安全、人身安全和设备用电安全。

1. 系统设备安全

① 检修操作人员在对设备进行维护时应严格遵守国家各类安全、保密法规及公司相关规定,同时严格执行本检修规程,并有权制止其他人员的违章作业和拒绝任何人的违章

指挥。

② 接报重大设备故障或紧急情况时，检修人员应按照应急预案立即赶赴现场处理故障。

③ 对车站 AFC 设备进行检修时必须认真按照各设备作业指导书进行操作，严格执行相关管理规定。

④ 凡进行危险性较大，影响行车和人身安全的工作时，应由专业的工程师负责事先拟定安全措施，坚持先检测、后作业的检修原则。

⑤ 处理 AFC 车站终端设备故障，须在客运值班员的陪同下才能对设备进行检修与操作。

⑥ 检修过程中涉及钱、票交接等票务问题，包括检修自动售票机过程中发现硬币、纸币，应立即取出，交予客运值班员，确认钱、票数量，与客运值班员完成交接后，在检修日志中正确填写交接钱、票数量。

⑦ 检修过程中所有车站 AFC 设备的钥匙都需由车站人员提供，并派人监督使用，不得自行携带设备的钥匙开启设备。

⑧ 检修人员对设备进行检修作业时，必须做好作业防护工作，在作业范围内设置好作业防护警示牌，作业完成后必须清理好作业现场，检查确认设备恢复正常后，才能投入运营。

⑨ 检修人员对已检修完成并投入运营的设备，原则上要求观察 2~5 名乘客操作设备无任何故障情况下，方能离开检修现场。

⑩ 拆卸/安装 AFC 设备内部机械部件时，要严格按照部件的拆卸/安装步骤进行，对于拆卸/安装设备内部空间狭窄的部件时，须佩戴手套，做好相应的劳动保护。

⑪ 严禁用手或身体直接接触设备高温部件，设备运转时不准擦洗和修理，严禁将头、手伸入机械行程范围内。

⑫ 在检修导轨承重模块时，应先将模块从支架上拉出并确认固定扣已扣牢固，检修完后应及时将模块推回原位，谨防夹伤、撞伤；在操作中应轻拉轻推，防止支架导轨脱落。

⑬ 在检修 AFC 设备时，操作人员使用个人账号进行操作，不得私自将个人账号借与他人使用，严禁借用车站操作人员账号违规进行业务操作，应注意个人 ID 号和 PIN 号等密码的保密，不可随便混用，万一密码泄露，应及时到控制中心申请修改密码，并严格按照相关管理规定执行。

⑭ 更换电路板时严禁带电插拔电路板和连接线，要做好静电防护措施，每条电缆必须标记好且连接正确。更换后必须检查设备的软件版本、固件版本、时钟、IP 及配置是否恢复正常，严禁在未确认设备已修复的情况下将设备投入使用。

⑮ 操作/检修人员禁止删除 AFC 设备上的文件和数据，以及随便修改 AFC 设备上的设置。

⑯ 更换 CF 卡或硬盘时，在数据可读状态下，须备份好原设备上的文件和数据。更换设备上的 CF 卡或硬盘，必须删除非本机的数据，确保更换后没有异常交易上传。在更换时要断开网络，更换后必须检查设备的软件版本、时钟、IP 及所有配置正确后，才能接上网络。在确认设备接通网络并同步所有参数后，才能正式投入使用。

⑰ 对车站设备安装、更换 SAM 卡时，要严格按照设备编号和 SAM 卡逻辑号，将对应的 SAM 卡安装于相应的设备上，严禁将 SAM 卡安装于不相应的设备上。若 AFC 设备读

写器损坏,须更换好的读写器,即将原读写器中的 SAM 卡拨出,插入更换的读写器中,未经允许严禁将两台设备的 SAM 卡进行对调。

⑱ 未经允许严禁非法使用远程连接对设备进行操作及操作车站 AFC 终端设备,若业务需要,须先与车站客值做好沟通,待客值确认已对远程操作的设备做好"暂停服务"标识后,方可进行远程操作。操作结束后,须再与客值回复是否恢复正常。

⑲ 任何人不得随意删、改各类原始数据与日志信息,如确属维护需要,应在对相应数据另行存放后,方可进行相关操作。

⑳ 对 AFC 设备进行检修时,应先断开电源,保证设备机械及电子部分完全停止,并在作业前戴好防静电手套、穿好绝缘鞋才能开始作业。

㉑ 对 AFC 设备内部关键部件进行清洁、润滑、检查或维修前,应先断开设备或模块电源(包括不间断电源 UPS 或蓄电池电源),禁止通过按市电按钮的方式来关闭漏电保护开关或用脚接通、断开电源开关。

㉒ 严禁将 AFC 专用计算机挪作他用,工作现场用于维护开发的计算机应指定责任人。

㉓ 严禁私自安装非本设备所需安装的软件,严禁私自将设备上的软件文档进行拷贝和修改。

㉔ 在检修设备软件故障时,如确认原设备上的软件已损坏,应先采取正常步骤关闭应用程序;如无法正常退出程序,则关闭相应的进程。使用正常软件包覆盖原文件前,应先对原有的软件和数据进行备份,在备份过程中,如果出现文件无法复制的情况,则采取更换 CF 卡(或应用软件所在存储体)的方式修复设备故障。

㉕ 记录信息的存储介质放置于专门场所,由专人负责妥善保管,保存时要注意防磁、防潮、防霉变,定期检查并复制,凡涉及运营数据(包括历史数据),任何人不得随便修改。

㉖ 禁止将指定设备之外的外接存储设备(如 U 盘、硬盘、磁盘、磁带与光盘等)连接到 SC 工作站、服务器和终端设备对其进行相关操作;使用指定外接设备前要对设备进行杀毒,防止计算机病毒的蔓延,一旦发现计算机病毒,立即上报相关部门,做杀毒处理。

㉗ 检修人员操作设备时,未经检修人员允许,严禁其他相关人员,扳动或按压所控设备的开关与按钮;未做好离线代换措施前,严禁对在线设备进行离线检修。

㉘ 在设备操作与维护过程中,做好各个环节信息的采集、处理、传输、记录和保存工作,确保信息的完整性、实时性与可用性。

㉙ 对 AFC 各专业的系统软件、应用软件要做好备份;计算机使用人员要和管理人员做好计算机储存信息的软硬件备份。

㉚ 对需保密的信息资料,严格遵守借阅制度,不得随便带出及公开发表,确需复印的,应找专人复印。

㉛ 发现用电设备异常、有焦味时要立即断电检查、及时处理,严禁带故障运行。

㉜ 在检修时,须爱护设备,做到轻推、轻拉、轻放,避免损坏设备,注意设备可移动部件,避免头手撞伤、夹伤。

2. 操作环境安全规定

① AFC 专业检修人员在进入 TVM 内嵌式房间检修作业时,须双人配合作业,在开门

通风后再进入,确认地面无异物、积水,防止滑倒摔伤。

② 进入带有气灭的房间时,应在人员进设备房前将门口的灭火控制盘上的隔离/正常旋钮放在隔离位置,并保证通向外部的防火门处于打开状态。

③ 气体灭火系统喷放气体后,应立即退出;正常情况下,要求喷后至少 30 分钟才能进入,以确保防护区内气体全部排完。

④ 凡要进入密闭场所作业,须事先了解工作场所的安全情况,严格执行公司密闭场所作业安全规定。

3. 常用工器具使用注意事项

① 在搬运酒精、压缩空气的过程中,搬运人员应保持盛装酒精、压缩空气的容器密封良好,小心搬运,防止泄漏。配送酒精、压缩空气到车站时,要用地面交通工具(专车)运输,严禁乘坐地铁。

② 酒精是易燃易挥发物品,且属于易燃易爆化学危险品,应小心放置和保管,在检修工区应控制酒精的库存量,并在存放处张贴明显标识,严禁与易燃物品(如棉布)放在同一层备品柜内。

③ 在使用酒精等液态清洁剂清洁 AFC 设备内部时,不要一次用棉布浸得过多,以避免滴到电源线或电路板上发生短路现象。

④ 压缩气体是危险化学物品,应小心放置和保管,在使用压缩气体清洁 AFC 设备内部时,要按规定说明正确使用,压缩空气罐的罐体与水平面的夹角应大于 60 度,以避免喷射出液体到电源线或电路板上发生短路现象。

⑤ 应认真按照万用表、示波器、手提电脑等仪器的使用说明对 AFC 设备进行检测和调试,避免因使用不当导致仪表、仪器或设备的损坏。

4. 钳工作业安全规定

① 使用手锤、大锤时,禁止戴手套或使用垫布;挥动大锤时,应注意周围情况,避免正面对人;锤头松动时,禁止使用。

② 在同一工作台两边凿、铲物件时,中间应设防护网;单面工作台,要求一面靠墙。

③ 使用钢锯时,工件要夹牢、夹紧,用力要均匀,速度不宜过快。当锯割工作将要完成时,用手扶着被锯下的部分,对较重工件可用支架支撑,避免锯下部分落下砸在脚上。

④ 使用活动扳手时,扳口尺寸应与螺帽尺寸相符,不应在手柄上加套管。高空作业时应使用梅花扳手,如用活动扳手时,要用绳子拴牢。

⑤ 设备进行拆装时,应使用规定的防护用品、专用的工具和工装,严禁将工具把柄加长或使用状态不良的工具,禁止违规拆装、野蛮拆装。

⑥ 手电钻使用的电源线不得破皮漏电,使用时应戴绝缘手套。操作时,应先启动,然后再接触工件。

5. 设备用电安全规定

AFC 车站设备用电为一级负荷,停送电应严格按公司相关程序进行,加强联系,严禁约定时间停送电。车站终端设备由于涉及检修安全用电,因此必须严格按以下要求进行:

① 设备电源故障处理,严格按电源检修流程和作业标准操作。
② 设备故障处理,在涉及有负载用电部件更换时,必须断电操作。
③ UPS 及开关电源的内部有高压,严禁非专业人员拆解。
④ 当带电测量时,不要站在潮湿的地面上,切勿让身体接触裸露的接线头和带高压的供电部件,以防触电。
⑤ 严禁在 AFC 供电回路中使用额定电流≥2 A 的外接移动电具及生活用电器具,所使用的电具必须有良好的绝缘。

设备(或模块)检修断电送电操作的注意事项如下:
① 断开电气设备(或模块)所有电源,要有明显的断开点,检修设备模块时,先断开电源线,后断开数据线。
② 涉及有负载用电部件更换时,断电后应使用符合电压等级并确定完好的验电器(笔)确认电气设备无电。
③ 检修完成后,检查设备(包括各模块)接地线是否接好。
④ 检查工器具、杂物等是否遗留在设备上。
⑤ 先接好模块数据线,再接通电源线,检查完毕后送电。
⑥ 双电源切换过程中必须确保设备不失电,并保证在结束后回到初始位,严禁两路电源同时切断。
⑦ 切换工作完毕,必须将双电源箱恢复于 A 路工作状态。
⑧ AFC 供电回路中一般情况不得跨接、短接。
⑨ 在修理过程中可使用 AFC 专业的加热电器,除此以外严禁使用任何加热器。

高于 36 V 电压的设备进行作业时的注意事项如下:
① 使用带绝缘的工器具。
② 不得同时接触导电和接地部分。
③ 作业人员未脱离导电部分时,不得与站在地面的人员接触或相互传递工具、材料。
④ 应按用电容量使用电源插座。

10.3 自动售检票系统检修标准

10.3.1 检修周期及内容

AFC 车站终端设备检修包括设备的日常检修及保养,AFC 系统/设备的检修工作必须贯彻预防与整修相结合的原则。根据不同的设备、不同的周期进行计划性和非计划性检修,以使得设备维持在良好的状态下运行。

1. 检修模式

(1) 日常临修

由 AFC 调度分拣具体的故障台次,分别下发至故障区段所在的 AFC 检修工班,工班及时派出当班人员进行检修,检修完毕后在检修系统中确认,并在车站登记簿上签字确认,最后交工班相关人员进行统计。

(2) 定时巡站

由每日各 AFC 巡检工班检修人员对所辖区域重点车站进行设备巡查,发现故障及时修复。

(3) 车站巡检

工班每天至少巡检各自管辖的车站两次。早班在到达指定的车站后即开始对段内的设备状况进行巡检,巡检结果必须进行记录,巡检结束后才与日班的同事一起对发现的故障进行处理;晚班在运营结束之前也要对管辖内的设备进行巡视,并统计所有当日未处理的故障数量上报轮值。

(4) 巡检内容

① 进/出站自动检票机的运行状况。

a. 检查进/出站自动检票机的当前运行状况,包括故障设备的数量、性质、分布等。

b. 检查进/出站自动检票机的外部状况,包括乘客显示屏、指示灯的工作状况。

c. 询问车站相关人员设备的使用情况。

② 自动售票机的运行状况。

a. 检查自动售票机的当前运行状况,包括故障设备的数量、性质、分布等。

b. 询问车站相关人员设备的使用情况。

c. 检查自动售票机的乘客显示模块和触摸屏模块。

③ 半自动售票机的运行状况。

a. 检查半自动售票机的当前运行状况,包括故障设备的数量、性质、分布等。

b. 询问车站相关人员设备的使用情况。

c. 检查各售票员操作显示模块和乘客显示模块。

④ 车站计算机的运行情况。

a. 检查车站计算机应用程序的运行状况。

b. 检查车站计算机和中央计算机的通信。

c. 检查车站计算机与车站级设备的通信。

d. 检查车站计算机数据备份完成情况。

e. 通过车站计算机检查车站级设备的当前状况。

(5) 驻站

在每日客流高峰或节假日时段,派驻工班检修人员对重点站进行设备检修、保养。

(6) 后场检修

当备件在车站工班无法修复时需送回检修工间或厂家进行后场检修,检修工间进行检修后将修复备件返还给车站工班作为备件使用。

2. 保养模式

设备的维护保养是根据系统设备的不同特性,科学、合理地安排不同的保养周期,对所属设备进行清洁、除尘、润滑、螺丝紧固等自检过程,优化设备的可使用率,防患于未然,最大化地延长设备使用寿命。

AFC车站设备的保养模式，主要分以下几种类型：

① 根据检修设备可分为：自动检票机AGM、自动售票机TVM、半自动售（检）票机BOM、车站计算机系统SC。

② 根据检修周期可分为：日检、月检、季检、年检，由AFC检修工班人员完成。

(1) 日常巡检

车站AFC系统日常巡检以现场检查为主，主要完成以下内容：

① 检查设备及其显示屏外观是否良好，是否异常。

② 检查设备周围环境是否良好，设备表面是否清洁。

③ 从车站计算机上检查设备是否正常运行，监控功能是否正常，通信情况是否正常。

此外，车站AFC检修人员对所管辖设备进行巡视、检查，检查故障报警记录，监视设备运行状态；每月对设备运行状态、指示、表示进行检测、记录；检查指示及记录是否正常，发现异常及时调校、排除。

(2) 月度检修

① 对设备定期进行内部清洁，检查并理顺设备线缆和接线端子的牢固情况。

② 进行设备的电压、电流、绝缘检查和测试。

③ 对设备的关键、主要部件进行测试、调整。

(3) 季度检修

① 全面检查各模块整体工作情况，检查易损件的损耗情况。

② 对系统主要功能进行全面测试，确保系统功能完整。

③ 对曾发生故障的设备进行重点诊断、分析，消除故障隐患。

④ 对设备基础、机体进行平整、调整、稳固。

(4) 年度检修

对现场可拆卸、替换的设备年度检修可采用运回检修工厂的方法进行年度检修，对不易拆卸、替换的设备年度检修可采用现场集中检修的方法进行。年度检修要对机房设备进行全面检查、整修、补强、调整；对系统进行全面测试、调整，以保证设备的机械特性和电气特性符合检修标准，达到原设计的技术标准与要求。

3．各设备检修

(1) TVM维护修程

如表10.1所示。

表 10.1　TVM 维护修程

设备类型	修程	检修主要内容		检修周期
TVM	日常巡检	设备状态检查	1. 检查乘客显示器显示内容是否正常。 2. 点击乘客显示器能否正常使用。 3. 检查状态显示器运营状态是否正常。 4. 检查系统版本号、时钟等	每日
	月度检修	整机清洁	1. 清洁机柜内部和各模块表面。 2. 检查各模块线缆标识标签	月度
		单程票发售模块	1. 清洁票卡传输通道皮带。 2. 清洁票卡传输通道传感器。 3. 清洁票卡发售单元刮票轮	
		纸币处理模块	1. 清除纸币机传送皮带。 2. 清洁循环鼓。 3. 清洁纸币机头光学传感	
		硬币处理模块	1. 清洁硬币机传感器。 2. 清洁识别器及通道。 3. 清洁硬币传输皮带。 4. 清洁暂存器	
	季度检修	机柜内部整洁	1. 清洁机柜内部和各模块表面。 2. 清洁散热风扇。 3. 线缆排列整齐、有序绑扎，线标完好准确。 4. 用润滑油点涂模块导轨、机械部件	季度
		单程票发售模块	1. 清洁单程票传输通道。 2. 清洁单程票发售模块票箱及升降机构。 3. 检测传输皮带松紧度，更换松弛的皮带	
		纸币处理模块	1. 清洁纸币传输皮带和各组套件。 2. 清洁纸币机光学传感器。 3. 检测皮带松紧度，更换松弛的皮带	
		硬币处理模块	1. 清洁硬币传输通道和皮带。 2. 清洁硬币 Hopper。 3. 擦拭硬币识别器，清除灰尘和污垢	
	年度检修	电源模块	1. 检查电源蓄电池有无异常。 2. 检查蓄电池续航能力	年度

(2) AGM 维护修程

如表 10.2 所示。

表 10.2　AGM 维护修程

设备类型	修程	检修主要内容		检修周期
AGM	日常巡检	设备状态检查	1. 检查方向指示器、机顶灯按工作状态正确显示。 2. 现场闸机语音提示播报是否正常。 3. 检查扇门有无变形。 4. 检查乘客显示器显示内容是否正常。 5. 检查设备软件版本号、时钟等	每日
	月度检修	整机清洁	清洁机柜内部浮灰、积尘	月度
		票卡回收模块	1. 清洁票卡传输传感器。 2. 清洁票卡传输皮带、刮票轮上的污渍	
		通行传感器	清洁通行传感器表面浮灰	
		扇门模块	校正变形的门板	
	季度检修	机柜整洁	1. 清洁机柜内部和模块表面。 2. 线缆排列整齐、有序绑扎，线标完好准确。 3. 用润滑油点涂机械部件	季度
		票卡回收模块	1. 清洁传输传感器传感器。 2. 清除票卡传输皮带、刮票轮上的污渍。 3. 测试传输皮带松紧度，更换松弛的皮带	
		扇门模块	检查扇门支架固定螺栓	
	年度检修	电源模块	1. 检查后备电源蓄电池有无异常。 2. 检查蓄电池续航能力	年度

(3) BOM 维护修程

如表 10.3 所示。

表 10.3 BOM 维护修程

设备类型	修程	检修主要内容		检修周期
BOM	每日巡检	设备状态检查	1. 检查乘客显示屏显示内容是否正常。 2. 检查软件统版本号、时钟等	每日
	月度检修	电控柜清洁	清洁电控柜机柜内部浮灰、积尘	月度
		单程票发售模块	1. 清洁票卡传输通道皮带。 2. 清洁票卡传输通道传感器。 3. 清洁票卡发售单元刮票轮	
		显示器测试	1. 检查乘客显示器并进行测试。 2. 检查主显示器能否正常使用	
		机柜内部整洁	1. 清洁电控机柜内部各模块表面积尘。 2. 整理电源线和串口线。 3. 检查标识标签,确保完整、正确。 4. 用润滑油点涂机械部件	
	季度检修	单程票发售模块	1. 清洁单程票传输通道。 2. 清洁单程票发售模块票箱及升降机构。 3. 检测传输皮带松紧度,更换松弛的皮带	季度
	年度检修	电源模块	1. 检查后备电源蓄电池有无异常。 2. 检查蓄电池续航能力	年度

(4) SC 系统(配电、网络等)维护修程

SC 服务器和工作站必须在干净、密封的环境中,周期性进行停机维护,保证 SC 安全启动和使用。

车站计算机维护工艺要求如下:

① 车站计算机不可与车站内其他计算机互换使用。

② 在更换计算机时必须做好交易数据的备份,并要对新计算机进行 IP 地址的设置。

③ 必须确保紧急按钮和车站计算机上的紧急按钮程序处于正常工作状态。

④ UPS 应通过自检,自检结束后蜂鸣器一响而无需复位即恢复正常工作状态。

⑤ 紧急按钮拉下时,车站闸机应响应紧急指令,打开扇门处于紧急状态;紧急按钮恢复时,车站闸机应清除紧急工作状态,恢复正常运行模式。

⑥ SC 能通过启动自检。运行相应应用程序,分别与车站设备和中央计算机建立通信连接,以接近实时的方式接收车站设备的运行状态和交易数据,并上传至中央计算机。

(5) SC 维护修程

如表 10.4 所示。

表 10.4　SC 维护修程

设备类型	修程	检修主要内容		检修周期
SC 系统	日常巡检	设备外部清洁	清洁服务器、三层交换机表面浮灰	每日
		三层交换机运行状态检查	1. 检查工作状态指示灯。 2. 检查电源指示灯。 3. 检查网口指示灯闪烁情况。 4. 听内部有无异响	
		SC 服务器运行状态检查	1. 检查工作状态指示灯。 2. 检查服务器网络通断。 3. 检查网口指示灯工作状态	
		设备室/配线间检查	检查房间内温/湿度	
	月度检修	设备清洁	清洁服务器、三层交换机表面浮灰	月度
		三层交换机运行状态检查	1. 检查工作状态指示灯。 2. 检查电源指示灯。 3. 检查网口指示灯闪烁。 4. 听内部有无异响	
		SC 服务器运行状态检查	1. 检查工作状态指示灯。 2. 检查服务器网络通断。 3. 检查网口指示灯工作状态	
		UPS 检修	1. 检查 UPS 工作日志和设备日志。 2. 检查蓄电池有无异常现象。 3. 记录蓄电池电压、内阻	
	季度检修	设备室/配线间检查	检查静电地板下线槽有无进水、生锈等异常	季度
		紧急模块测试	1. 测试 IBP 盘手动紧急释放功能性。 2. 监控工作站下发紧急模式操作	
	年度检修	检查各交换机工作状态	1. 清洁交换机外壳。 2. 紧固二、三层交换机各端口线缆紧固情况。 3. 检查各终端内部的二层交换机接线线标和设备铭牌等标识。 4. 检查电源指示灯是否正常。 5. 导出三层交换机配置文件、保存备份	年度

续表

设备类型	修程	检修主要内容		检修周期
SC 系统	年度检修	光纤、网络检测	1. 检查相应车站的拓扑网路的连接情况。 2. 查看终端设备上二层交换机之间的连接状态。 3. 记录各二层交换机 IP 地址。 4. 验证交换机和网络通断情况。 5. 利用光纤测试笔检测出现断点阵列的光纤通断	年度
		UPS、蓄电池检修	1. UPS 电池模式切换测试。 2. UPS 手动旁路切换测试。 3. 清洁 UPS 主机,确保内部各板卡、模块无积尘。 4. 蓄电池充放电测试	
		服务器检修	1. 清洁服务器各组件积尘、浮灰。 2. 检查各板块电容等元器件的完整。 3. 检查 SC 服务器各零部件功能性。 4. 使用监控工作站下发各项指令检查设备状态	
		配电检修	1. 清洁配电箱内部灰尘。 2. 检查配电柜面板电流、电压显示。 3. 检查配电柜各部位有无异常响动。 4. 依次检查各断路器状态,电线有无虚接、老化等情况	
		紧急模块	1. 检查 AGM 内部紧急信号线接线是否牢固。 2. 测试 IBP 盘手动紧急释放功能性。 3. 监控工作站下发紧急模式操作。 4. 登录 SC,检查日志是否准确记录紧急释放相关数据	

10.3.2 检修标准

1. AGM 检修标准

① AGM 的位置正确,机身固定、水平无倾斜,多台 AGM 位置平行。

② AGM 的通信线与电源线槽口加盖封闭,AGM 通信线与电源线有足够余量,离出线口至少 500 mm。

③ 交流电源线固定正确、牢固、无松脱,地线安装正确、牢固,通信线缆的插头紧固,且正确连接到 AGM 的通信接口板上,无松脱现象。

④ 输入的交流电源电压为 220 V±10%,直流电源的标准输出电压为 24/12 VDC。

⑤ 后备电源应在主电源断电后能持续供电直至最后一次交易完成,蓄电池在充电后供电电压约为 220 V。

⑥ AGM 的设置应与车站计算机上的设置一致,设备编号与车站计算机上的设置一致。

⑦ AGM 应保持与车站计算机的通信不中断,当 AGM 状态变化时,在车站计算机上可及时反映 AGM 的状态。

⑧ AGM 应能及时将交易数据和审核数据上传至车站计算机,并能准确完全接收车站计算机下载的参数表。

⑨ 在车站计算机上可查询 AGM 的状态信息和库存信息,AGM 应及时反馈相应信息。

⑩ AGM 的时钟应与车站计算机的时钟同步,AGM 的时间与车站计算机的时间相差不超过 1 min。

⑪ 在与车站计算机有通信的情况下,时间应即时与车站计算机同步,在与车站计算机没有通信的情况下,可本地设置时间。

⑫ 在与车站计算机通信中断或 SC 故障的情况下,AGM 可单机运行(孤岛方式)并保存 3 天的数据,当通信恢复后 AGM 可将保存数据重新上传。

⑬ 在正常运营状态下,进站 AGM 应对车票按票价、参数表进行读、写和校验处理。AGM 每成功处理一张有效车票,在乘客显示器上显示进站信息,并有相应的灯指示。扇门打开,乘客可在系统设置时间内通过,超时后扇门将重新关闭;如车票无效,在乘客显示器上显示"请乘客到客服中心处理"的信息,扇门不能打开。

⑭ 在正常运营状态下,出站 AGM 应对车票按票价、参数表进行读、写和校验处理,并将单程票进行回收。AGM 每成功处理一张有效车票,在乘客显示器上显示出站或车票余值信息,扇门打开。乘客可在系统设置时间内通过,超时后扇门将重新关闭;如车票无效,在乘客显示器上显示车票失效的信息,扇门不能打开。

⑮ 在发生故障的情况下,AGM 退出正常服务,禁行灯亮,显示器上显示暂停服务。

⑯ 在设备完全掉电情况下(蓄电池停止供电),AGM 扇门打开。

⑰ 保证 AGM 内的寄存器记录、AGM 车票处理的数据以及 AGM 回收车票处理的数据,在机器掉电后不会造成数据丢失,其数据应与车站计算机上的数据一致。

⑱ 机内存储的参数表编号应与车站计算机上的参数表编号完全一致,机器掉电不会造成参数表的丢失。

⑲ 在车站计算机控制台监控界面、紧急按钮或 AGM 本地可设置 AGM 进入紧急模式,在此模式下 AGM 扇门打开,若对车票不做任何处理,则显示器显示紧急状态。

⑳ 在车站计算机或 AGM 本地可设置 AGM 进入暂停服务模式,在此模式下,AGM 退出正常运营状态,AGM 不接收车票,AGM 禁行灯亮且显示器显示暂停服务。

㉑ 在 AGM 本地可设置 AGM 进入检修模式,在此模式下可对 AGM 进行各项测试,AGM 不接收车票。

㉒ 在车站计算机可设置 AGM 进入时间免检模式,在此模式下,AGM 对乘客乘车时间不作限制,对超时乘车的车票给予放行。

㉓ 车站计算机可设置 AGM 进/出站免检模式,在此模式下,AGM 不检查车票中的进/出码状态而视所有的车票均具有正确的进/出码。在出 AGM 时,储值票被扣掉至少一乘次车费,单程票回收,但不检查是否余额足够。

㉔ 在车站计算机可设置 AGM 进入列车运行故障模式,在此模式下,出站 AGM 对在本站入闸的车票不扣除任何车费,对多程票不增加计算当日的乘次,对其他站来的车票按正常扣值。在列车运行受阻情况下,在本站进闸并出闸的单程票不扣值并将票给回乘客。

㉕ 进站 AGM 平均无故障次数为 500000 次(除了人为因素),出站 AGM 平均无故障次数为 500000 次(除了人为因素),平均排除故障时间为 30 min。

2. TVM 检修标准

① 自动售票机的位置正确,机身固定、水平无倾斜,多台自动售票机间安装平行,设备标识清晰。

② 自动售票机的通信线与电源线线槽管口应正确密封,防止进水。

③ 自动售票机的通信线与电源线有足够的余量。

④ 交流电源线固定正确、牢固、无松脱,地线安装正确、牢固。

⑤ 通信线缆的插头紧固,正确连接到自动售票机的工控机通信接口上,无松脱现象。

⑥ 硬币补充箱和缓存找零器所存储的硬币能通过 SC 下达命令清空,也可通过操作面板或移动维护终端接口操作。

⑦ 外部电源失电,不改变或破坏机器内部系统,且能够保存断电前的工作状态和内部数据(断电前工作模式、寄存器数据及交易数据等)。

⑧ 输入的交流电源电压为 220 VAC±10%。

⑨ 直流电源的标准输出电压为 24/12/5 VDC±5%。

⑩ 后备电源应在主电源断电后能持续供电直至最后一次交易完成,蓄电池在充电后供电电压约为 220 VAC±10%。

⑪ 自动售票机的设置应与车站计算机上的设置一致,设备编号与车站计算机上的设置一致。

⑫ 自动售票机应保持与车站计算机的通信不中断,当自动售票机状态变化时,在车站计算机上可及时反映自动售票机的状态。

⑬ 自动售票机应能及时将交易数据和审核数据上传至车站计算机,并能准确完全接收车站计算机下载的参数表。

⑭ 车站计算机上可查询自动售票机的状态信息和库存信息,自动售票机应即时反馈相应信息。

⑮ 自动售票机的时钟应与车站计算机的时钟同步,自动售票机的时间与车站计算机的时间相差不超过 1 分钟。

⑯ 在与车站计算机有通信的情况下,时间应即时与车站计算机同步;在与车站计算机

没有通信的情况下,可本地设置时间。

⑰ 在与车站计算机通信中断或车站计算机故障的情况下,自动售票机可单机运行(孤岛模式)。

⑱ 在与车站计算机通信中断或车站计算机故障的情况下,自动售票机可保存 7 天的数据,当恢复通信后,自动售票机可将保存数据重新上传。

⑲ 自动售票机人机界面的购票指引应完整清晰。

⑳ 在正常运营状态下,当乘客已选择票价,自动售票机的票价显示应能及时地显示票价,显示应清晰、准确。

㉑ 在正常运营状态下,自动售票机的投入币值显示应能正确显示乘客已投入的硬币的价值,显示应清晰、准确;当乘客取消操作或操作超时机器自动取消交易后,投入币值显示能及时清零并退还币值,在设备发生故障的情况下,投币口不打开。

㉒ 正常运营状态下,如在车票开始发售之前,乘客在购票过程中按取消按钮可终止交易,自动售票机退回所投入币值的硬币,如车票发售过程已开始,则按取消键无效。

㉓ 自动售票机应能接收合法的一元硬币,非法的硬币将在退币口直接退还。

㉔ 在正常运营状态下,如投入币值小于票价,乘客操作超时,自动售票机将自动取消交易,退回所投入钱款。

㉕ 在正常运营状态下,自动售票机在乘客投入的币值达到票价后,开始发售车票。在发售过程中,自动售票机根据参数表和票价表对车票进行读、写和校验,成功发售的车票将在出票口提供给乘客,不成功的车票将自动掉入废票箱内,并尝试下一张车票。

㉖ 在车票发售过程中,如出现卡票,自动售票机将退出服务,面板显示"暂停服务"并退还投入币值的硬币和纸币。

㉗ 在正常运营状态下,当票箱的车票数量少于一定数量时,在车站计算机上应有报警显示。若票箱已空,自动售票机将自动退出服务,并在车站计算机上报警。

㉘ 成功发售车票后,自动售票机将投入的硬币输送入钱箱存储,自动售票机应能监控钱箱内的硬币数量,在钱箱将满时,在车站计算机上有报警显示;当钱箱满时,自动售票机进入降级模式,并在车站计算机上报警。

㉙ 售票机应能监控钱箱以及钱箱存放座的状态,并能正确跟踪钱箱的更换(包括操作人员的情况和现金审计等)。

㉚ 售票机内的存储器记录车票处理的数据以及参数表,机器掉电不会造成数据丢失,其数据应与车站计算机上的数据一致。

㉛ 售票机应能正确检测检修门的状态。

㉜ 计算机或自动售票机本地可设置自动售票机进入关闭模式,在此模式下自动售票机退出正常运营状态,触摸屏显示暂停服务。

㉝ 自动售票机本地可设置自动售票机进入维护模式,在此模式下可对自动售票机进行各项测试,不能发售单程票。

㉞ 车票处理速度(从票箱至出票口)应小于 1 s/张(标准速度≤300 ms/卡)。

㉟ 使用单次硬币的发售速度≤3 s/张,使用单张纸币的发售速度≤6 s/张。

㊱ 单张纸币的识别时间≤2 s(从纸币入口到进入暂存器),MCBF≥20000。

㊲ 纸币平均识别率≥99%,同时可根据需要进行调整,不符合参数指标的纸币将通过

退币口返还。

㊳ 硬币识别器应具有较高的防伪鉴别能力，对与真币相似的筹码应能拒收，拒绝率应大于 99.9%；对无法识别的硬币应予退回；真币的识别率应不低于 98%。

3. BOM 检修标准

① BOM 的各个部件位置正确，机身固定、水平无倾斜。

② 不间断电源是 BOM 的交流电输入点，交流电源线固定正确、牢固，无松脱现象。

③ BOM 应有不间断电源作为后备电源的供电，在断电情况下，不间断电源会支持 BOM 完成最后一次车票处理。

④ 输入的交流电源电压为 220 V±10%。

⑤ 与车站计算机的通信应正确连接到 BOM 的车票处理单元上，无松脱现象。

⑥ 操作台与车票处理单元之间的通信连接正确、牢固，无松脱现象。

⑦ BOM 应保持与车站计算机的通信不中断，当 BOM 状态变化时，在车站计算机上及时反映 BOM 的状态。

⑧ BOM 应能及时将交易数据和审核数据上传至车站计算机，并能准确完全接收车站计算机下载的参数表和票价表。

⑨ 在车站计算机上可查询 BOM 的状态信息和库存信息，BOM 应即时反馈相应信息。

⑩ BOM 的时钟应与车站计算机的时钟同步，BOM 的时间与车站计算机的时间相差不超过 1 分钟。

⑪ 在与车站计算机有通信的情况下，时间应即时与车站计算机同步；在与车站计算机没有通信的情况下，可本地设置时间。

⑫ 在与车站计算机通信中断或车站计算机故障的情况下，BOM 可单机运行。

⑬ BOM 应能防止一般操作人员访问操作系统和进行非应用软件之外的操作。

⑭ 在正常运营模式下，操作员显示器显示操作员的意图及处理数据，乘客显示器则给乘客显示信息；在测试或故障模式下，显示测试状态信息或故障代码和故障信息，所有显示应清晰、完整和正确。

⑮ BOM 应具有售票模式对非付费区的车票处理，补票模式对付费区的车票处理，测试模式对设备进行诊断、测试。

⑯ 在售票模式下，BOM 应能分析任何一种车票（物理损坏的车票除外）的数据，并在操作员显示器上和乘客显示器上显示车票的相应信息。

⑰ 在售票模式下，BOM 能按下达的参数和票价发售单程票。

⑱ 在售票模式下，BOM 应能对储值票进行加值。

⑲ BOM 应能发售出站票。

⑳ BOM 应能更新超时车票和超程车票。

㉑ 在车站计算机或 BOM 本地可设置 BOM 进入关闭模式，在此模式下，BOM 退出正常运营状态，不处理车票。

㉒ 在 BOM 本地可设置 BOM 进入维护模式，在此模式下，可对 BOM 进行各项测试，BOM 不能发售车票。

㉓ BOM 内的审核寄存器记录车票处理的数据，机器掉电不会造成数据丢失，审核寄

存器的数据应与车站计算机上的数据一致。

㉔ BOM 内存储的参数表编号应与车站计算机上的参数表编号完全一致,且机器掉电不会造成参数表的丢失。

4. SC 检修标准

① 车站计算机和工作站的安装位置正确,车站控制台安装固定、平稳、网络机柜固定、无倾斜。

② 不间断电源是车站计算机的交流电输入点,交流电源线固定正确、牢固,无松脱现象。

③ 车站计算机应有不间断电源作为后备电源的供电,在断电情况下,不间断电源会支持车站计算机在设定内完成应用程序的正常退出,并将数据正确保存及关闭操作系统。

④ 车站计算机系统的不间断电源的交流电源线固定正确、牢固,无松脱现象,输入的交流电源电压为 220 V±10%、50 Hz±4%、单相三线。

⑤ 在车站计算机通信正常情况下,电源、运行状态、磁盘灯应处于亮的状态,网卡数据通信灯应不时跳跃闪烁,更详细的指示灯状态参考供货商提供的技术手册。

⑥ 车站计算机和工作站与交换机、路由器等网络设备通信线缆连接正确、牢固,无松脱现象,确保与车站设备的通信连接正常,标签清楚、明晰。

⑦ 保证车站计算机与中央计算机的通信不中断,当出现故障时,车站计算机的监控软件可及时反映。

⑧ 车站计算机和工作站上应可以监视整个车站的设备,车站设备的编号和地址应与车站计算机上的设置一致,当车站设备状态变化时,在车站计算机和工作站上可及时反映车站设备的状态,并能以图形直观地显示。

⑨ 车站计算机应能对车站设备进行远程控制。

⑩ 在车站计算机上可查询车站设备的状态信息和库存信息,车站计算机应及时反馈相应信息。

⑪ 车站计算机应能及时采集车站终端设备的交易、客流和库存数据,每 5 分钟收集一次,车站计算机应能保存此类数据,并能在车站计算机上正确显示。

⑫ 车站计算机应能及时将收集的交易和库存数据及统计上传至中央计算机。

⑬ 车站计算机应能准确完全接收中央计算机下载的运行参数表和票价表,并正确发送至各车站终端设备。

⑭ 在权限允许的情况下,车站计算机上可通过 AFC 应用程序显示各种参数表。

⑮ 在设备掉电情况下,车站计算机应能保证运行参数表和票价表不会丢失。

⑯ 在车站计算机上可保存多套参数表,相应的参数表在制订日期自动生效;当新的参数表有错误时,可以恢复到上一次参数。

⑰ 车站监控界面上应能准确显示当日实时客流。

⑱ 计算机的时钟应与中央计算机的时钟同步,车站计算机的时间与中央计算机的时间相差不超过设定时间。在与中央计算机有通信的情况下,时间应即时与中央计算机同步;在与中央计算机没有通信的情况下,可本地设置时间,使本站设备与车站计算机时间同步。

⑲ 在中央计算机通信中断或中央计算机故障的情况下，车站计算机可保持车站级正常运行。

⑳ 在与中央计算机通信中断或中央计算机故障的情况下，车站计算机可将数据保存一定天数，当恢复通信之后，车站计算机应可将保存数据重新上传至中央计算机。

㉑ 在掉电情况下，车站计算机应能保证数据不会丢失。

㉒ 车站计算机和工作站应能通过用户名和密码的管理方式实施安全控制，并通过级别控制实现操作功能的权限控制；操作员在车站计算机上成功注册后，可通过键盘、鼠标操作车站计算机。

㉓ 在正常运营状态下，车站计算机和工作站应能防止一般操作人员进行非应用软件之外的操作。

㉔ 在车站计算机上应能设置和取消车站的降级运营模式，同时可以设置车站运营的紧急模式或者通过紧急按钮实现设置车站运营紧急模式。

㉕ 车站网络系统中各网络设备的指示灯应该都处于正常状态。具体的指示灯含义应参考各种网络设备的技术手册、维护手册等。

㉖ 车站计算机和工作站上的 AFC 相关软件可正常使用，相关服务可正常启动。

㉗ 使用鼓风机、空气压缩机等清洁设备，保证机柜、风扇和操作台内无积尘、清洁和整齐。

㉘ 车站计算机设备使用环境应符合：温度为 20～35 ℃（空调环境），湿度为 20%～80%（无结露）。

㉙ 数据库使用 MySQL 系统，数据库接口符合相关软件工业标准，通过应用网关、可编程接口或 ODBC 等提供与多种数据库连接的能力；数据库系统可以提供联机的性能监控工具，便于数据库管理员调整系统性能。

㉚ 当电源故障时，UPS 在大约 4 ms 内转为电池供电，其最大失真度不超过 5%；当电源恢复时，UPS 在大约 0.2 ms 内恢复到外部电源供电方式。

㉛ 车站计算机与中央计算机保持稳定的通信。在车站计算机与中央计算机通信正常情况下，车站计算机和中央计算机的 Power 灯应处于亮的状态，RX/TX 灯应不时跳跃闪烁。

㉜ 在车站计算机上能实时监控车站设备的运行。

5. PCA 检修标准

① PCA 能够对正常车票进行扣费，对不能进出站的车票进行更新操作，并能生成相关交易，存储在设备里。当便携式检验票机与上位机软件连接时能自动将文件上传至 SC，并能够进行升级更新（能够自动产生提示信息），包括下载参数数据、下载黑名单数据、上传交易数据、下载更新软件等。

② PCA 可以显示车票内交易记录，包括票种、票值、有效期、进出站时间、进出站地点等。对有问题的交易记录以醒目的方式提示。

③ 能够对无错误单程票进行进/出站处理并进行声光、文字提示。

④ 能够对无错误的储值票、计次票、合肥通、员工卡等所有可以在合肥轨道交通使用的票卡进行进/出站处理并进行文字提示。

⑤ 能够对有错误的单程票进行错误提醒，并能按照票卡错误种类写入相应信息，以供 BOM 分析。

⑥ 能够对有错误的储值票、计次票、合肥通、员工卡等所有可以在合肥轨道交通使用的票卡进行错误提醒，并能按照票卡错误种类写入相应信息，以供 BOM 分析。

⑦ PCA 能够单机保存最近 7 天数据信息以及 7 天日志（包括处理信息和人员操作信息，中途操作人员更换不影响当日数据累计）。

⑧ PCA 能够单机查询当天内任意时间段内客流、钱款信息（自主选择起始和结束时间）。

⑨ 票务工作站上能够保存最近 3 个月 PCA 数据和日志。

⑩ 车站报表能够自动整合 PCA 和 AGM 数据，形成车站总的客流、收益数据（原 PCA、AGM 数据能够正常上传）。

⑪ 工作站应有专业应用软件，PCA 与工作站物理连接后，票务工作站能够自动识别、自动连接 PCA 设备；两设备自动连接后，能够在专业软件应用界面上显示各项功能（数据上传、查询、车站地址更改、设置、黑名单更新等）；操作员能够自动上传、自动备份当日数据；数据上传完毕后，能够有成功与否提示信息，不成功的话，人员能够在提示信息指挥下完成重新上传。

⑫ 设备内部的线缆带有识别标识，其内容包括电缆连接编号、两端连接头编号等。

⑬ 所有电缆按规则排列，方便检修人员辨识。

⑭ PCA 具有正常服务模式、关闭模式、检修模式和故障模式。

技 术 训 练

一、选择题

1. 空压机一般不用在以下哪类检修（　　）。
A. 年检　　　　B. 季检　　　　C. 月检　　　　D. 日检

2. 当需要切断软体金属铁丝时，一般选用哪个工具（　　）。
A. 斜口钳　　　B. 活动扳手　　C. 电烙铁　　　D. 剥线钳

3. 在拆除硬币模块找零传动皮带部位外层保护壳螺丝时，需要用到哪个工具（　　）。
A. 尖嘴钳　　　B. 万用表　　　C. 萝卜头螺丝刀　D. 套筒

4. 三不作业的内容不包括（　　）。
A. 未检查安全工器具状态不作业
B. 对性能、状态不清楚的设备不作业
C. 未正确佩戴、使用劳动防护用品不作业
D. 未设好作业防护不作业

5. 员工应当接受（　　）生产教育和培训。
A. 三级　　　　B. 专业　　　　C. 基础　　　　D. 安全

6. 处理 AFC 车站终端设备故障，须在（　　）的陪同下才能对设备进行检修与操作。
A. 工班长　　　B. 主任　　　　C. 客运值班站长　D. 客运值班员

7. 在与车站计算机通信中断或车站计算机故障的情况下，自动售票机可（　　）。
A. 暂停服务　　B. 单机运行　　C. 传输数据　　D. 自动关机

8. AFC 设备检修周期不包括(　　)。
A. 月检　　　　　B. 季检　　　　　C. 年检　　　　　D. 双周检

二、填空题

1. 活动扳手常用来紧固_____模块。
2. 万用表可测量_____值、_____值、_____值。
3. 光纤测试笔的原理是通过恒流源驱动发射出_____。
4. 对车站 AFC 设备进行检修时必须认真按照各设备_____进行操作,严格执行相关管理规定。
5. 对 AFC 设备进行检修,涉及电源时应先断开电源,保证设备机械及电子部分_____,并在作业前戴好防静电手套,穿好绝缘鞋才能开始作业。
6. 员工在作业过程中,应当严格遵守公司的_____和操作规程,服从管理。
7. 车站计算机应能对车站设备进行_____。
8. 车站监控界面上应能准确显示当日_____。
9. 后备电源应在主电源断电后能持续供电直至_____。

三、问答题

1. 简述防静电手腕带使用说明。
2. 十字长柄螺丝刀可用于哪些模块部件的拆装?(答对三个即可)
3. 三懂三会的内容是什么?
4. 八不准的内容是什么?
5. UPS 及蓄电池的年度检修内容包括什么?
6. 车站计算机运行状况的巡视内容包括哪些?

参 考 文 献

[1] Klaus Finkenzeller.射频识别(RFID)技术[M].2版.陈大才,编译.北京:电子工业出版社,2001.
[2] 王爱英.智能卡技术 IC 卡[M].2版.北京:清华大学出版社,2000.
[3] 魏晓东.城市轨道交通自动化系统与技术[M].北京:电子工业出版社,2004.
[4] 张戎,李枫.城市轨道交通企业管理[M].北京:中国铁道出版社,2000.
[5] Michael E,Whitman Herbert J,Mattord.信息安全原理[M].齐立博,译.北京:清华大学版社,2006.
[6] Ralph M,Stair George W,Reynolds.信息系统原理[M].张靖,刘鹏,陈之侃,等译.北京:机械工业出版社,2005.
[7] Mostafa Abd-El-Barr,Hesham El-Rewwini.计算机组成与体系结构[M].北京:电子工业出版社,2005.
[8] 张树京,董德存.信息传输原理[M].上海:同济大学出版社,2006.
[9] 谢希仁.计算机网络[M].北京:电子工业出版社,2002.
[10] 中华人民共和国住房和城乡建设部.城市轨道交通自动售检票系统工程质量验收标准:GB/T 50381—2018[S].北京:中国计划出版社,2018:9.
[11] 中华人民共和国住房和城乡建设部.地铁设计规范:GB 50157—2013[S].北京:中国建筑工业出版社,2014:6.
[12] 中华人民共和国国家质量监督检验检疫总局.城市轨道交通自动售检票系统技术条件:GB/T 20907—2007[S].北京:中国标准出版社,2007:10.
[13] 中华人民共和国住房和城乡建设部,中华人民共和国国家质量监督检验检疫总局.低压配电设计规范:GB50054—2011[S].北京:中国计划出版社,2012:1.
[14] 中华人民共和国住房和城乡建设部.综合布线系统工程设计规范:GB50311—2016[S].北京:中国计划出版社,2017:1.
[15] 中华人民共和国住房和城乡建设部.建筑电气工程施工质量验收规范:GB50303—2015[S].北京:中国计划出版社,2016:1.
[16] 方海林,等.青岛 AFC 年会演讲资料[R].2019.
[17] 王建强,等.武汉 AFC 专委会年会演讲稿[R].2021.